© 2021, Urban, Nicolas
Edition : Books on Demand,
12/14 rond-Point des Champs-Elysées, 75008 Paris
Impression : BoD - Books on Demand, Norderstedt, Allemagne
ISBN : 9782322229628
Dépôt légal : février 2021

Nicolas URBAN

Les secrets du marketing digital

La méthode facebook

Table des matières

Première Partie 7
Introduction 8
Types d'annonces Facebook 10
    Personnalisez vos annonces 12
Stratégies de marketing Facebook qui fonctionnent 13
Les bénéfices du marketing Facebook 18
La compétition dans le marketing Facebook 22
    Description, vignette et titre 22
    Suivre d'autres pages 23
    La créativité est la clé 24
    Poser des questions 24
    Interaction avec vos abonnés 25
Conseils pour améliorer votre stratégie de marketing Facebook 26
Les « choses à faire » et « à ne pas faire » en marketing Facebook 31
Tout savoir sur les publicités Facebook 35
    Création d'une page publique 36
    Annonces sponsorisées : annonces de domaine 36
    Annonces d'événements 37
    Annonce d'application mobile 37
    Page Post Ads 37
    Poster des annonces 38
    Histoires sponsorisées 38

Retargeting des publicités Facebook 39

Deux façons de recibler 41

Maximisez les résultats du reciblage publicitaire 43

Obtenir d'excellents résultats grâce au marketing Facebook 44

Les étapes vers le succès avec les marketing Facebook 48

Des histoires sponsorisées 48

Des mises à jour 48

La curiosité 49

La Compétition 49

L'Engagement 50

Le programme 50

Le suivi 51

Evaluer les bénéfices du marketing Facebook pour l'entreprise 52

Utiliser Facebook pour le E-commerce 56

La vérité sur les taux de conversion du commerce électronique sur Facebook 58

Obtenez des résultats réalistes avec Facebook Lead Generation 60

Utilisation de contenu optimisé pour le marketing Facebook 63

Comment choisir le meilleur contenu 67

Utiliser les techniques de vos concurrents sur Facebook 69

Conclusion 74

Deuxième Partie 77

Introduction 78

Première étape : préparation de votre première émission 81

Deuxième étape : vos objectifs 88

Troisième étape : préparer ce que vous allez dire 92

Quatrième étape : une dose d'interaction 96
Cinquième étape : vers davantage de spectateurs 99
Sixième étape : planifier l'horaire de diffusion 103
Septième étape : choisir le format 107
Huitième étape : entraînement et évaluation 112
Neuvième étape : et après ? 116

Première Partie

Introduction

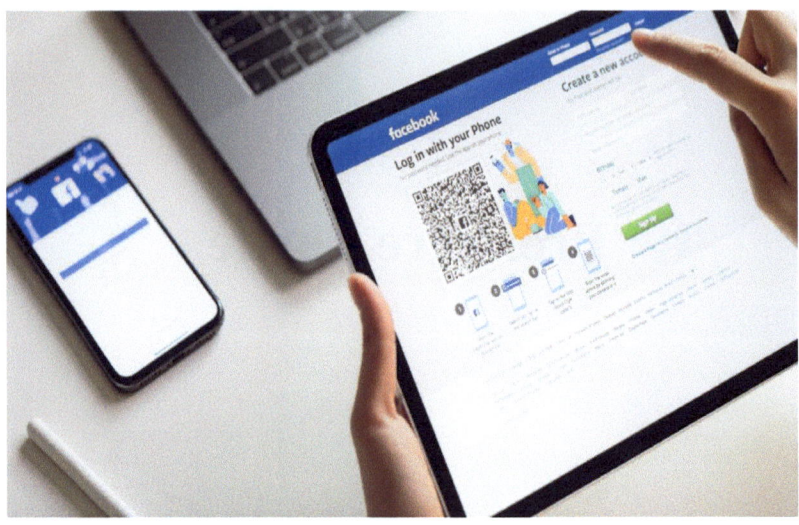

Facebook est probablement l'une des plus grandes innovations du Web au cours de la dernière décennie.

Il s'agit en effet du plus grand site de médias sociaux avec plus d'un milliard d'utilisateurs dans le monde.

Avec un très grand nombre d'utilisateurs qui se connectent quotidiennement, la plupart des marques profitent de ce site pour exposer et commercialiser leurs marques.

La partie la plus importante du marketing Facebook est l'accessibilité et l'accès facile aux informations.

Vous pouvez rechercher votre marché cible spécifique simplement en filtrant les personnes par démographie, intérêts et même par emplacement géographique exact.

Cela devient une opportunité pour les start-ups et les entrepreneurs en herbe de promouvoir ouvertement leurs produits et services.

Dans ce livre numérique, vous allez découvrir une liste de conseils utiles pour promouvoir efficacement vos produits et service grâce au marketing Facebook.

Bonne lecture.

Types d'annonces Facebook

Venant d'une page publique qui peut être créée gratuitement, vous pouvez acheter des publicités payantes de Facebook. Il existe de nombreux types d'annonces payantes.

Tout d'abord, vous pouvez en créer un qui redirige vers votre page publique ou votre site réel. Vous pouvez même faire des publicités pour faire connaître vos événements.

Ces annonces sur Facebook peuvent être achetées via une vente aux enchères. Les marques sont tenues de payer pour chaque clic, action et impression.

Il existe un grand nombre de formats pour les annonces payantes, selon la façon dont vous souhaitez promouvoir.

Vous pouvez même créer et publier toutes sortes de publicités vous-même, en utilisant l'interface de page publique gratuite de Facebook ou en utilisant un développeur d'API Ads.

Le marketing Facebook compte actuellement 10 catégories d'annonces différentes qui entrent dans la classification des annonces :

Ce sont :

1. Annonce d'événement
2. Annonce d'application
3. Annonce d'application mobile
4. Annonce de domaine
5. Page comme une annonce
6. Annonce coupon ou offre
7. Annonce de lien de publication de page
8. Annonce vidéo post-page
9. Page post photo ad
10. Page annonce textuelle

Ces annonces vous obligeraient en tant qu'entreprise à saisir le texte, la miniature de la photo et la méta description souhaités. Chaque type comprend un nombre spécifique de caractères et une taille de photo.

Il vous suffit de maximiser vos annonces et de vous assurer que vos descriptions inciteront les internautes à cliquer dessus.

Facebook a également développé une fonctionnalité qui permettrait aux utilisateurs de masquer votre annonce, s'ils refusent d'aimer la page.

Une boîte de dialogue apparaîtrait alors, demandant à l'utilisateur une opinion sur les raisons pour lesquelles il ou elle refusait d'aimer l'annonce.

Cela peut être une information très utile pour spécifier des améliorations supplémentaires.

Personnalisez vos annonces

Un autre outil important de Facebook vous permet de personnaliser vos annonces en fonction des personnes que vous souhaitez cibler.

Vous pouvez avoir vos annonces liées à une page connexe qu'ils ont précédemment aimée, ou même à des liens externes précédents qu'ils ont visités.

Facebook vous offre également un puissant outil d'analyse pour vous donner une idée de la performance de votre plan marketing.

Vous pouvez voir la tendance du nombre de personnes atteignant vos messages ou le taux de croissance de vos abonnés. Avec cela, vous pouvez avoir une idée des publicités qui fonctionnent et de celles qui ne fonctionnent pas.

Stratégies de marketing Facebook qui fonctionnent

Alors que d'autres personnes utilisent Facebook pour discuter avec leurs amis ou partager des photos et des vidéos, les hommes d'affaires l'utilisent pour le marketing et l'image de marque.

Pour réussir en gagnant du trafic et des ventes, les entreprises doivent utiliser les stratégies de marketing Facebook les plus efficaces.

La première partie de ce chapitre contient une liste complète de stratégies efficaces :

- Utiliser le trafic existant du site. Il est essentiel d'avoir un site Web d'entreprise, car il servira de plaque tournante où les gens achètent les produits et savent tout sur les services particuliers.

Pour maximiser le trafic existant, insérez des icônes de médias sociaux cliquables sur le site Web qui peuvent rediriger l'utilisateur vers la page Facebook de l'entreprise ou l'une des pages de médias sociaux dont il dispose.

- Il est recommandé de mettre ces icônes sur l'en-tête de la page d'accueil car elles sont visibles sur cette zone. Cette action pourrait également fournir de meilleurs emplacements de CTR (taux de clics).

- Affichage des URL des pages de fans à l'aide de signatures électroniques. Lors de l'envoi d'e-mails à des clients potentiels, incluez les URL des pages de fans sous l'e-mail ou la signature.

Ce faisant, il y aura une augmentation du trafic ou des suivis si les destinataires cliquent sur ces URL attachées.

- Envoi de messages électroniques. Une façon de faire savoir aux entreprises qu'une entreprise en particulier possède une page Facebook consiste à envoyer des messages électroniques.

AWeber et MailChimp sont quelques-uns des outils utilisés dans le marketing par courriel.

- Promotion en magasin d'une page Facebook. La promotion hors ligne est un moyen idéal de dire aux gens qu'une entreprise est désormais sur Facebook.

Imprimez et incluez les URL des pages Facebook sur le mur du magasin, les portes vitrées, les cartes de visite, les sacs en papier, etc.

- Connaître le meilleur moment pour publier et planifier les mises à jour de statut.

En planifiant de façon cohérente le calendrier de publication, le public cible sera plus engagé à aimer, partager et commenter les publications, surtout si elles sont éducatives et divertissantes.

- Utilisation de publicités Facebook. Elles peuvent aider à gagner des followers et à faire croître votre entreprise.

Elles sont également utilisées pour créer des campagnes marketing Facebook.

De plus, ils ne sont pas très chers.

- Création de concours Facebook. Les utilisateurs de Facebook aiment une page de fans particulière afin de participer à ses concours.

Organiser un simple concours de photos peut augmenter le nombre de likes sur Facebook jusqu'à 5 fois plus qu'un message ordinaire.

Les prix à offrir peuvent varier, allant des articles aux services. N'oubliez pas de faire des promotions pendant la période du concours pour attirer plus de fans.

- Utilisation de la fonction « @ » de Facebook. Le balisage de personnes et d'autres pages avec cette fonctionnalité leur permettra de se sentir reconnu.

Par conséquent, il établit des relations entre l'entreprise et ses clients.

- Développement d'onglets et d'applications personnalisés Facebook. C'est une option supplémentaire qui peut être utilisée pour gagner plus de likes et de fans en permettant aux fans d'accéder aux détails de l'événement, aux offres et à d'autres avantages exclusifs.

- S'engager avec sa propre communauté Facebook et d'autres pages de fans Facebook. C'est comme une situation gagnant-gagnant.

En plus d'établir une relation solide avec les clients, cela pourrait également créer des conversions de fans lorsque d'autres personnes aimeront la page en la voyant sur d'autres pages Facebook.

- Rejoindre et créer des groupes Facebook. Ils sont classés en trois catégories : publique, privé et secrète.

1. Le groupe Facebook public est généralement utilisé pour accroître la notoriété de la marque et développer le réseau. Par conséquent, il devrait se concentrer sur les interactions et les participations des fans.

2. Le groupe Facebook privé peut être vu par n'importe qui, mais seuls les membres peuvent voir les messages à l'intérieur. Il est principalement utilisé pour les services de support client.

3. Un groupe secret n'est vu que par les membres et est utilisé pour des discussions confidentielles.

Même si ces 3 groupes ont des fonctionnalités différentes, l'objectif ultime est de construire la relation idéale pour chaque type de groupe.

Il existe de nombreuses stratégies de marketing Facebook, mais avoir les exemples mentionnés comme référence est suffisant pour que les entreprises fassent un marketing efficace.

Les bénéfices du marketing Facebook

Le nombre d'utilisateurs de Facebook augmente de façon exponentielle. Cela signifie que le nombre de personnes que vous pouvez atteindre via Facebook devient presque illimité.

Voici quelques-unes des raisons pour lesquelles le marketing Facebook est le meilleur moyen d'améliorer votre marketing numérique :

- Il est rentable et offre un retour sur investissement plus rapide. Le marketing Facebook est un point d'entrée très accessible pour les start-ups.

En créant simplement une page publique pour votre marque, vous pouvez lancer gratuitement vos promotions et programmes publicitaires.

- Les frais ne surviennent que lorsque vous commencez à vous inscrire à des annonces sponsorisées, qui dépendent de la durée de l'exposition et du type d'annonce que vous souhaitez acquérir.

- La bonne chose à propos des annonces payantes est que les résultats peuvent être observés immédiatement grâce à des mesures spécifiques telles que la portée, le nombre de personnes qui ont consulté et, plus important encore, l'augmentation du trafic sur votre site.

Vous pouvez filtrer les personnes en fonction de la démographie, pour viser votre marché cible spécifique.

La bonne chose à propos des médias sociaux est que vous avez à portée de main les informations sur les utilisateurs.

Ceci est idéal pour le marketing local, en particulier lorsque vous devez cibler une tranche d'âge et un emplacement géographique spécifiques.

Pour les annonces sponsorisées, le lien est conçu pour apparaître aux personnes qui ont aimé des pages similaires ou liées.

- Vous pouvez facilement voir comment les gens répondent à vos messages.

Avec chaque publication que vous créez, les téléspectateurs peuvent envoyer leurs idées et suggestions via la section des commentaires.

Qu'il s'agisse d'une critique constructive, d'une critique positive ou même d'une diatribe, Facebook vous permet d'entendre les demandes et les besoins de vos clients, afin que vous puissiez avoir plus de marge d'amélioration. Cela peut être un bon seuil pour devenir "viral". S'il y a quelque chose de très spécial sur les médias sociaux, c'est le cycle rapide des modes et des tendances.

- Toute vidéo ou photo publiée en ligne peut avoir une bonne chance de circuler sur le net. Facebook est très flexible pour toucher votre audience.

Il peut proposer des annonces sponsorisées ou des annonces par recommandation.

- Il peut promouvoir toute forme, y compris des événements, des offres, des pages ou des liens externes.

Il peut également être conçu pour s'adapter aux navigateurs mobiles, en particulier si vous faites la promotion d'une application mobile.

- Si vous voulez une plate-forme où vous pouvez consulter librement vos concurrents immédiats, Facebook est le meilleur moyen de le faire.

Grâce à la fonctionnalité "Pages à regarder", le site vous permet de voir la tendance derrière la croissance et les publications d'une certaine page.

- Ces informations ne sont peut-être pas pleinement utiles, mais elles peuvent vous aider à définir une référence pour évaluer le succès de votre marque en matière de marketing.

- Facebook peut être une plateforme interactive pour vos programmes marketing.

- Vous pouvez demander à vos abonnés de répondre à un sondage rapide, de remplir une feuille d'inscription ou même des promotions. Facebook peut même prendre en charge un site Web tiers intégré à votre page publique.

- Cela améliorera votre classement SEO. Lorsque votre page est un lien populaire sur les réseaux sociaux et que vos publications sont fréquemment partagées par vos abonnés, le moteur de recherche reconnaît mieux votre site.

C'est pourquoi l'engagement des clients et le partage de liens dans les médias sociaux sont très puissants.

La compétition dans le marketing Facebook

Sur une plate-forme très compétitive comme Facebook, de nombreuses entreprises et marques finissent par faire des choses créatives juste pour gagner leur part de marché cible.

Ce vaste site de médias sociaux est entièrement consacré à la concurrence, et pour supplanter vos concurrents, voici quelques conseils à prendre en compte.

Description, vignette et titre

Si vous utilisez des annonces sponsorisées, maximisez vos chances de promouvoir votre marque. Cela peut se faire de plusieurs manières.

Tout d'abord, vous devez donner une idée concise à vos téléspectateurs à travers la description Meta.

Il s'agit de la courte description qui apparaîtrait à côté de votre annonce. De plus, choisir la bonne vignette sur votre message est essentiel.

Lorsque les utilisateurs de Facebook parcourent le site, ils remarquent à peine la publicité, sauf si la photo est très frappante, et finirait par attirer leur intérêt.

Plus important encore, le titre de l'annonce doit être court, mais attrayant. Vous pouvez essayer de mélanger le style teaser qui susciterait la curiosité, ou un titre complet qui obligerait le lecteur à cliquer.

Suivre d'autres pages

Pour réussir dans le marketing Facebook, vous devez suivre les autres pages. Cela peut sembler étrange, mais en suivant et en obtenant une référence à partir d'autres pages similaires, vous pouvez avoir une idée des commentaires et des idées des clients de la tendance de leur côté.

De plus, vous pouvez également vérifier la moyenne des likes et le nombre de followers qu'ils ont. Cela peut être un bon début pour évaluer votre marge d'amélioration.

Essayez de ne rien publier pendant les heures de pointe. Oui, vous pensez peut-être que le moment le plus stratégique pour publier est quand beaucoup de gens sont en ligne.

Cependant, c'est également à ce moment que le nouveau flux de personnes est bombardé de messages, de publications et de liens.

En publiant pendant les heures creuses, la tendance est que les gens voient votre message lors de la vérification de leurs flux. Cela peut être avant 8h ou après 18h.

La créativité est la clé

Soyez créatif sur vos messages. Encore une fois, suivre la tendance est un aspect important dans cette partie. De nos jours, la plupart des gens partagent et republient des photos qui sont exceptionnellement drôles, motivantes et donnent un aperçu.

Ces photos se présentent sous forme de photos sous-titrées ou simplement de photos de texte. L'astuce consiste à bien intégrer votre marque à l'essentiel de chaque message.

Poser des questions

Si vous souhaitez améliorer votre interaction avec les clients, vous devez faire des sondages ou une enquête que vous **à** vos abonnés. C'est un moyen facile d'augmenter les likes et d'améliorer l'engagement et aussi d'entendre leurs idées.

Il est idéal de poser des questions ouvertes et susceptibles de susciter des conversations significatives entre les utilisateurs. Cela pourrait même inviter plus de personnes à rejoindre la discussion et à aimer votre page.

Interaction avec vos abonnés

Montrez que vous vous souciez de l'avis de vos abonnés. Facebook est une très bonne plateforme pour montrer à quel point vous appréciez les informations des clients, vous devez donc profiter de cette opportunité.

Les clients sont plus susceptibles de faire confiance à une marque facilement accessible via les réseaux sociaux.

Vous pouvez le faire en répondant aux commentaires et en montrant que vous êtes attentif aux problèmes et préoccupations soulevés par les abonnés de la page.

Conseils pour améliorer votre stratégie de marketing Facebook

Vous songez à améliorer les stratégies de marketing sur Facebook ? Vous êtes-vous déjà demandé quelles tactiques sont utilisées par les professionnels ?

Voici quelques exemples des meilleurs conseils et tactiques de marketing Facebook utilisés aujourd'hui :

Envisagez d'utiliser ActionSprout. Si les spécialistes du marketing pensent que les pages Facebook sont de véritables champs de bataille, détrompez-vous.

Voici comment fonctionne ActionSprout

L'outil ActionSprout utilise une application Facebook pour permettre aux gens de passer d'une page Facebook à une autre page web.

Actuellement, si vous souhaitez que vos supporters s'inscrivent à un événement ou signent une pétition, vous devez les renvoyer de Facebook vers un site Web distinct.

Mais avec ActionSprout, ils peuvent entreprendre cette action directement sur Facebook, ce qui augmente considérablement l'achèvement des activités et le partage social.

En fait, chaque fois que quelqu'un termine l'une de vos actions propulsées par ActionSprout, cela produira en moyenne 1 500 impressions sur le réseau d'amis du preneur d'action.

La viralité est si forte que pour chaque fan d'une page qui entreprend une action, 3 à 5 autres non-fans participent également à l'action, ce qui fait croître votre communauté en ligne.

Les utilisateurs interagissent généralement avec les mises à jour des pages apparaissant dans leurs flux d'actualités, en dehors de la visite des pages Facebook réelles.

ActionSprout est un bon outil personnalisé supplémentaire pour augmenter votre communauté.

Alors que la plupart des pages Facebook obligent les utilisateurs à visiter leurs pages avant de faire des actions, ActionSprout fonctionne différemment en laissant les spécialistes du marketing créer des options d'action directement sur le fil d'actualités.

Une fois que les utilisateurs ont déjà cliqué sur l'action de leur choix dans la mise à jour du fil d'actualité, ils seront automatiquement redirigés vers une autre page afin de poursuivre la réalisation de l'action.

- Boostez les annonces de nouveaux produits. Les publications boostées pour un produit récemment lancé peuvent augmenter la demande ainsi que les fans qui aiment la page.

Il est idéal pour les petites entreprises, même s'il n'est pas recommandé par certains experts en marketing Facebook. N'hésitez pas à tester ce genre de technique.

Après tout, le refus de la recommandation ne signifie pas que cela est inefficace et ne fonctionnera pas.

- Utilisez les audiences personnalisées du site Web. Alors que les publicités Facebook sont utilisées pour cibler un public spécifique, la diffusion d'une publicité Facebook via l'utilisation de « Power Editor » peut cibler tous les visiteurs d'une page Facebook (audiences personnalisées du site Web).

Afin d'augmenter les prospects et les clients potentiels, les publicités Facebook doivent être créatives.

- Augmenter les efforts de relations publiques. Facebook n'est pas seulement utilisé pour des campagnes marketing, il peut également soutenir les efforts publicitaires de la marque.

De nombreux journalistes comptent sur Facebook pour rechercher des articles.

Avec l'aide de ladite plate-forme de médias sociaux, le partage d'histoires est désormais facile.

En conséquence, il y aura une livraison plus rapide de l'information au public, surtout s'il y a des problèmes émergents et des nouvelles de dernière heure concernant les nouveaux développements, etc.

- Utilisez les informations d'audience de Facebook. Un meilleur retour sur investissement peut être généré si une entreprise sait comment cibler un type particulier d'audience pour la publicité et optimiser les stratégies de contenu après avoir compris les informations d'audience.

Cela permettra aux spécialistes du marketing de voir ce qui est attrayant pour l'audience et quel type de publication cette audience aime.

En investissant du temps pour comprendre leurs idées, les fans deviendront plus réceptifs aux contenus publiés.

- Effectuez des tests fractionnés sur les publicités Facebook. Trouver les bons mots clés à utiliser est crucial pour la publicité Facebook.

Pour éviter de gaspiller de l'argent, il est recommandé d'effectuer d'abord un test de publicité fractionnée.

Allouez des portions du budget publicitaire pour diffuser plusieurs annonces une par une. Ensuite, étudiez les comparaisons pour évaluer quelle publicité particulière fonctionne le mieux.

Seuls les tests fractionnés peuvent répondre aux avantages particuliers qu'un spécialiste du marketing peut obtenir s'il cible un public étroit ou plus large.

Avant toute chose, il est important de planifier à l'avance. Cela peut donner aux spécialistes du marketing suffisamment de temps pour développer des campagnes de marketing Facebook et incorporer ces conseils et tactiques par la suite.

Les « choses à faire » et « à ne pas faire » en marketing Facebook

Environ 1,39 milliard d'utilisateurs utilisent Facebook et la moitié d'entre eux se connectent chaque jour.

Il y a 5 profils nouvellement créés chaque seconde et environ 30 millions de pages de fans appartiennent aux entreprises.

En plus de tout cela, environ 1 milliard de recherches sur Facebook sont effectuées chaque jour.

Compte tenu de toutes les statistiques, il est important d'utiliser des stratégies de marketing Facebook afin de rattraper le nombre croissant d'utilisateurs Facebook actifs et de pages de fans.

Bien qu'il soit difficile pour les spécialistes du marketing de créer des suivis fidèles sur les pages de fans de Facebook, il est essentiel de connaître les « choses à faire » et « à ne pas faire » pour voir ce qui fonctionne et ce qui ne fonctionne pas dans le domaine du marketing Facebook.

Cette partie de ce chapitre compilera certaines des choses importantes à appliquer et les erreurs classiques à éviter en tant que marketeur Facebook :

- Attirez les fans en étant authentique. Utilisez Facebook pour publier du contenu original à ne pas manquer. En fin de compte, faites savoir aux gens ce qui fait qu'une entreprise se démarque des autres.

- Un service client de qualité en tout temps. Les clients satisfaits continuent de revenir pour en savoir plus et pourraient également finir par recommander l'entreprise à leurs relations.

Afin de les faire revenir, un spécialiste du marketing Facebook doit être capable d'écouter et de répondre rapidement aux questions des clients.

- Configurer les pages de fans Facebook, pas les comptes de profil. L'utilisation de comptes de profil pour les entreprises est clairement une violation des politiques de Facebook.

De plus, les pages Facebook ont certains privilèges sur les analyses, les publicités et les applications qui ne s'appliquent pas aux comptes de profil.

Alors que les pages Facebook peuvent accueillir un nombre illimité de fans, les comptes de profil ne peuvent accueillir que 5 000 amis / connexions.

- Développer de solides stratégies d'affichage. Le contenu et la cohérence sont les deux principales clés pour avoir une stratégie de publication ferme.

Identifiez d'abord les objectifs marketing, puis définissez des stratégies de publication solides qui peuvent atteindre les résultats idéaux.

- Comprendre les besoins des clients en obtenant leurs commentaires. Ce qu'ils diront est important pour l'amélioration des produits et services.

Il y a beaucoup de façons pour eux de donner leur avis.

Certains d'entre eux comprennent :

1. Remplir les sondages
2. Répondre aux messages
3. Donner des recommandations

- N'oubliez pas que consacrer du temps à la lecture des commentaires des clients est bon pour toute entreprise.

- Ne spammez jamais les pages Facebook. Le spamming est la pire chose à faire en marketing car cela peut entraîner la perte de followers et de clients potentiels.

- Il est important de mélanger les contenus en partageant des vidéos, des citations et des articles ainsi qu'en posant des questions sur des problèmes particuliers.

Les contenus qui contiennent des messages marketing agressifs sont considérés comme des spams.

- Ne mesurez pas le succès à travers le nombre de likes. La véritable base pour avoir une page Facebook réussie sont les suivantes : engagement, conversions et portée.

Obtenir beaucoup de likes n'équivaut pas à avoir des connexions. Elles sont la suite logique des interactions avec les clients.

- Ne vous limitez pas à utiliser des stratégies de marketing uniquement sur Facebook.

S'appuyer uniquement sur elle est efficace mais l'intégrer à d'autres stratégies de marketing des plateformes de médias sociaux est plus efficace.

La mise en œuvre de stratégies de promotion croisée sur divers réseaux de médias sociaux pourrait élargir la portée du contenu.

- Pour aller de l'avant, il est essentiel d'appliquer ces « choses à faire » et « à ne pas faire » au marketing Facebook.

Tout savoir sur les publicités Facebook

Le marketing Facebook a révolutionné la façon dont le marketing numérique est réalisé, de plusieurs manières possibles.

Ce qui n'était autrefois que des bannières publicitaires sur Internet peut désormais se faire sous de nombreuses formes, en particulier sur cette vaste plate-forme de médias sociaux.

Voici quelques types d'annonces Facebook que vous devez connaître :

Création d'une page publique

Vous pouvez toujours commencer avec le type conventionnel de marketing Facebook, qui met en place une page publique gratuitement. Tout ce que vous devez faire est de maintenir les publications et de mettre à jour la page régulièrement.

Elle est livrée avec tous les outils nécessaires et une interface en libre-service facile à utiliser, même pour les débutants. C'est rentable et très facile à gérer.

Annonces sponsorisées : annonces de domaine

Les annonces de domaine sont le type d'annonces payantes le plus courant que vous voyez souvent et, lorsque vous cliquez, vous amène à un site externe.

Ces annonces sont normalement effectuées pour augmenter le trafic sur le site et améliorer l'interaction avec les clients.

Les annonces de domaine peuvent également illustrer le contexte social comme, par exemple, un certain ami « aime cette page / ce site ».

Pour que cela se produise, Facebook doit pouvoir associer l'URL cible de votre annonce de domaine à une page publique Facebook appropriée.

Annonces d'événements

Les annonces d'événements sont très utiles si vous avez besoin d'une exposition totale pour la publicité de vos événements. Il est également affiché sur le côté droit du bureau, avec une description maximale de 90 caractères.

Annonce d'application mobile

Comme son nom l'indique, ce type d'annonce n'apparaît que lorsqu'un utilisateur est en vue mobile. Une fois que vous avez cliqué sur l'annonce, elle dirige directement l'utilisateur vers l'AppStore ou Google Play pour installer l'application mobile.

L'efficacité de l'annonce est mesurée par le nombre de téléchargements, tout en étant intégrée à Facebook.

Page Post Ads

Le type d'annonce le plus simple et le plus utilisé est l'annonce de page, dans laquelle votre page Facebook peut être publiée comme « sponsorisée » ou « promue ». Une fois que l'utilisateur clique sur le lien, Facebook le dirigera vers la page publique.

Poster des annonces

Les annonces d'offres sont utiles et attrayantes, surtout lorsqu'elles sont bien rédigées.

La clé d'une annonce d'offre réussie est d'inclure les détails importants, le nombre de personnes qui ont déjà accepté l'offre et la date d'expiration.

La photo devrait également parler beaucoup, car c'est ce que les utilisateurs remarquent immédiatement.

Histoires sponsorisées

Outre les publicités habituelles, des histoires sponsorisées peuvent également être achetées via Facebook Marketing. Il s'agit souvent du type d'annonces le plus interactif.

Elles sont, en réalité, le soutien et l'approbation des amis de l'utilisateur, et ont donc tendance à obtenir des taux de clics et d'engagement plus élevés. Une fois qu'une personne aime une certaine page, elle devient une annonce qui apparaît sur le nouveau flux d'un autre utilisateur.

Cela est plus efficace dans certains cas, car la crédibilité d'une recommandation d'amis est susceptible d'être plus élevée.

Il existe certains types d'annonces d'histoires. Certains incluent une page ou une annonce publicitaire, qui a été mentionnée plus tôt, l'histoire de l'application, le jeu joué ou même l'histoire sponsorisée par RSVP, "répondez, s'il vous plaît".

Tout cela fonctionne de manière similaire, en montrant qui parmi votre liste d'amis utilise la même application ou va au même événement.

Retargeting des publicités Facebook

Si vous lisez cette partie du chapitre, vous avez probablement entendu toutes sortes de choses sur la technologie de reciblage publicitaire de Facebook.

Permettez-moi de vous dire que la plupart des choses que vous avez entendues sont absolument correctes.

Vous avez peut-être entendu dire que le reciblage publicitaire permet aux marchands de ramener les clients dans leurs paniers d'achat afin qu'ils puissent acheter quelque chose.

C'est absolument vrai. Cela ne fonctionne pas à 100% du temps, mais cela fonctionne suffisamment pour faire une grande différence.

De même, le reciblage publicitaire permet également aux marchands de ramener les gens vers des pages de contenu qui finiraient par convertir les clients en acheteurs payants.

Cependant, malgré toute l'enthousiasme suscité par la technologie de reciblage publicitaire, il existe une astuce secrète que vous ne pouvez pas ignorer.

Sérieusement. Si vous comprenez comment fonctionne l'astuce secrète, alors vous saurez comment élaborer ensemble une campagne de reciblage publicitaire plus efficace.

D'un autre côté, si vous ne savez rien de cet élément, il est probable que votre campagne sera probablement ratée. Souvent, c'est plus un échec qu'un coup.

De quelle sauce secrète je parle ? Intérêt avéré. C'est vrai. Lorsque les gens viennent sur votre site Web, ils ont un intérêt avéré. La publicité concernant essentiellement vous donne un outil pour ramener ces personnes à votre site Web.

Cependant, voici le problème. Si vous allez simplement les ramener à la page d'accueil, vous perdez votre temps. Le véritable intérêt avéré se résume aux pages internes.

C'est alors que vous savez que cette personne est sérieuse. C'est à ce moment-là que vous savez que cette personne est suffisamment intéressée par votre contenu pour qu'elle accède aux pages internes.

Je ne parle pas seulement d'une page principale. Je parle de pages secondaires ou d'autres pages internes. En fait, plus vous les introduisez dans votre site Web, meilleurs sont les résultats.

Cela signifie qu'ils ont parcouru d'autres contenus, ils ont en quelque sorte compris comment tout fonctionne et ils sont plus susceptibles de se convertir plus tard.

C'est pourquoi, si vous lancez une campagne de reciblage publicitaire, il est vraiment important de se concentrer sur le retour des personnes qui ont accédé à une page interne et pas seulement à la page d'accueil.

Deux façons de recibler

Maintenant que vous comprenez parfaitement que le reciblage publicitaire consiste à faire revenir des personnes qui sont allées sur une page interne.

Il existe deux façons de recibler

Vous pouvez leur rappeler de retourner là où ils s'étaient arrêtés. Il s'agit peut-être d'une page d'achat. C'est peut-être un panier.

C'est peut-être une sorte d'article qui redirige vers une page de conversion en un seul clic.

Quel que soit le cas, vous rappelez simplement aux gens de revenir sur votre site Web.

L'autre façon de recibler est de les inciter à découvrir davantage votre site Web. Il s'agit d'une stratégie souvent négligée en matière de reciblage publicitaire, mais elle est en fait assez puissante.

Vous devez comprendre que personne ne va interagir avec votre contenu de la même manière.

Certaines personnes seront intéressées par un large contenu de votre site, d'autres se retrouveront sur une page secondaire quelconque sans véritable fil conducteur.

La clé ici est de les inviter à sortir de votre site web, mais pas nécessairement de les conduire vers une page de vente.

Pour être clair, vous allez simplement les intéresser au contenu de votre site mais aussi leur indiquer que vous proposez aussi autre chose.

Vous ne les redirigez pas nécessairement vers une page de vente ou tout autre type de page de conversion.

En quelque sorte, vous leur faites suivre un jeu de piste qui va leur permettre de découvrir tout ce que vous faites.

Pour le dire en mots bruts, vous conditionnez l'esprit des visiteurs, afin qu'ils découvrent votre site jusqu'à ce qu'au final, ils décident de passer à l'achat.

C'est ainsi que vous obtenez de meilleures ventes.

Maximisez les résultats du reciblage publicitaire

Comment passez-vous vos résultats au niveau supérieur ? C'est très simple. Au lieu de pousser les ventes avec votre reciblage de contenu, poussez votre page de capture.

Il s'agit de la page qui recrute des personnes sur votre liste de diffusion. Ce sera votre liste de diffusion qui fera le gros du travail pour convertir ce visiteur en acheteur.

Bien sûr, si vous avez déjà des personnes qui apparaissent dans votre panier, le reciblage de votre annonce doit se concentrer sur leur retour dans le panier.

Mais en dehors de cela, si vous avez affaire à des personnes qui s'arrêtent brièvement sur les pages de contenu, incitez-les à vous inscrire sur votre page de capture et laissez votre liste de diffusion les convertir éventuellement.

Obtenir d'excellents résultats grâce au marketing Facebook

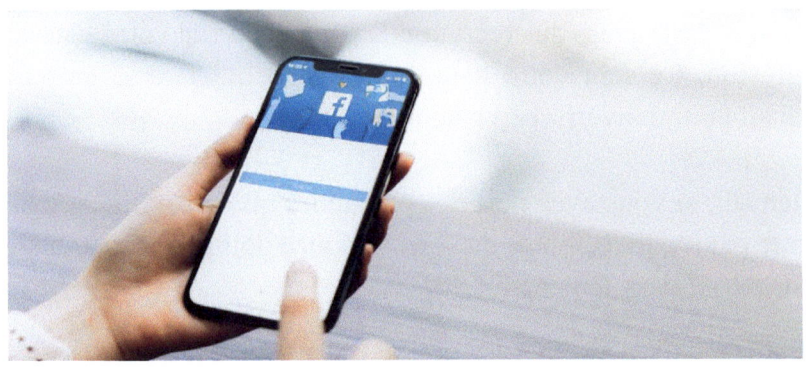

Dans toutes les entreprises, le plan d'action est toujours la clé du succès.

Pour trouver un plan d'action et une stratégie solide dans le marketing Facebook, n'oubliez pas ces étapes faciles :

Lors de la création d'une entreprise, il est important d'avoir une mission et une vision claires. De nombreuses réussites de marques sont venues de ces deux objectifs. Ces deux points doivent expliquer le but de l'entreprise et pourquoi elle existe.

En créant sa société Apple, Steve Jobs était motivé par le soutien de la créativité des gens, et non par la vente d'ordinateurs. Avant de devenir le plus grand fleuriste, le 1-800-Flowers.com de Jim

McCann était motivé pour aider les gens à exprimer leurs sentiments aux autres.

Par conséquent, avant de planifier certaines stratégies de marketing sur les réseaux sociaux, une personne doit :

- Premièrement, connaître exactement le type d'entreprise dans laquelle il s'engagera.

- Deuxièmement, satisfaire les désirs des autres et résoudre leurs problèmes.

Afin de réussir une campagne de marketing, gardez à l'esprit les éléments suivants :

- Contenu : publiez des histoires qui gagneront beaucoup de partages, de likes et de commentaires. Bref, ça devrait être intéressant.

- Clarté : montrez clairement en quoi consiste la page de fans et ce qu'elle a à offrir. Mettez à jour la section «À propos» de la page et ajoutez des slogans sur la photo de couverture si nécessaire.

- Campagne : maximisez l'utilisation des outils promotionnels de Facebook afin de soutenir une campagne particulière.

- Connexion : créez et développez le réseau de la page.

- Culture : faites de la page fan une extension de la culture de l'entreprise ou d'une marque particulière. Le même aspect et la même sensation que la page des fans ne devrait pas être utilisés à nouveau.

Cela dépendra d'une bonne gestion des pages qui comprend : le type de contenu partagé, le temps de réponse, le mode de réponse, l'humour, etc.

- Conversion : convertissez les fans et les followers en un réseau de clients payants.

Publiez du contenu partageable. Tenez compte de ces règles de base sur la création de contenus partageables :

- Soyez bref. (Un contenu de 80 caractères gagnera plus de parts)

- Variez le contenu en utilisant des photos, des vidéos, des audios et des liens.

- Répondez aux personnes qui ont partagé le contenu en aimant leurs partages.

- Interagissez en posant des questions

- Visitez d'autres pages pour savoir ce que les gens aiment

- Déterminez quel est le meilleur moment de la journée et de la semaine pour interagir avec les fans.

Envisagez d'expérimenter et de tester, puis suivez les résultats. Il est important de savoir quelle stratégie de marketing Facebook fonctionne et ce qui ne fonctionne pas.

Essayez de varier la fréquence des messages, le contenu et les fuseaux horaires.

Apprenez du succès des autres pages de fans Facebook. Oreo, Disney, Coca-Cola, Starbucks et Skittles sont quelques-unes des marques de consommation populaires qui se portent bien sur cette plate-forme de médias sociaux.
Surveillez leurs pages Facebook et consultez d'autres pages de fans afin de voir quels types particuliers de contenu pourraient gagner un nombre important de partages.

Examinez tout sur leur page fan depuis les mises à jour jusqu'aux campagnes promotionnelles utilisées.

Pour devenir bon en marketing Facebook, il faut du temps et de la patience. En suivant les étapes susmentionnées et en recherchant l'aide de personnes compétentes dans ce domaine, vous serez sur la bonne voie.

Les étapes vers le succès avec les marketing Facebook

Lorsqu'il s'agit d'un environnement en évolution rapide comme les médias sociaux, toutes les entreprises ne s'en sortent pas bien. Certaines peuvent bénéficier d'une croissance exceptionnellement élevée au début et finir par décroître plus tard.

Comment réussissez-vous dans le marketing Facebook ? Lisez la suite pour découvrir la recette vers S.U.C.C.E.S.S.

Des histoires sponsorisées

En ce qui concerne le marketing Facebook, beaucoup de gens ont tendance à accorder une grande importance aux recommandations de leurs amis.

Cela signifie que vous devriez investir davantage dans les histoires sponsorisées, où l'annonce apparaît avec une histoire correspondante comme support à votre message.

Des mises à jour

S'il y a quelque chose qui est fondamental dans le marketing des médias sociaux, ce sont les mises à jour constantes. Des contenus plus frais inciteraient votre audience à s'engager davantage et déclencheraient des visites fréquentes sur votre page.

Il est également indispensable de suivre les tendances récentes pour survivre dans le monde en ligne. Par conséquent, vous devez toujours vous assurer d'inclure des articles au goût du jour sur votre page.

La curiosité

Pour attirer davantage votre public sur vos publications, vous pouvez la curiosité. Suscitez l'envie par un titre approprié et obligez vos abonnés ou visiteurs à satisfaire leur curiosité. Les messages agiront comme des appâts qui mèneront vos clients vers la page souhaitée.

Vous pouvez également inclure des images miniatures intéressantes qui transmettront un message sans dévoiler toute l'histoire.

La Compétition

Le marketing sur Facebook est une question de concurrence, et pour aller de l'avant, vous devez connaître vos concurrents. Vous pouvez utiliser la fonction de page de lecture de Facebook pour surveiller régulièrement certaines pages.

Vous pouvez l'utiliser pour en savoir plus sur les commentaires des clients sur ce qui fonctionne et ce qui ne fonctionne pas.

L'Engagement

La clé d'une page Facebook saine et rentable est de bien impliquer vos clients sur vos publications. En les engageant, cela signifie que votre page doit être propice aux activités et implique beaucoup de participation du public.

Vous pouvez ajouter des questions ou même lancer des promotions pour inviter davantage de personnes à aimer votre page.

Plus votre page est active, meilleures sont les chances de mieux réussir en SEO. Les moteurs de recherche indexent plus facilement des pages fréquemment partagées par les gens.

Le programme

Pour une gestion de page plus efficace, il est idéal de profiter de la fonctionnalité de publication planifiée. Cela signifie que vous pouvez écrire le type, éditer ou télécharger n'importe quelle photo à l'avance et la poster à une date ultérieure.

Il peut être modifiable et peut être annulé à votre guise. Ceci est particulièrement recommandé lors du ciblage de certaines parties de la journée.

Le suivi

Une fois que vous avez constitué un groupe de followers et une solide base de fans, vous devez maintenir un certain niveau de croissance, comme dans toute autre entreprise.

Vous devez constamment inviter plus de personnes et étendre votre portée autant que possible.

Avec plus d'un milliard d'utilisateurs, Facebook est en effet un excellent terrain pour promouvoir et étendre votre réseau.

En gardant à l'esprit les étapes de S.U.C.C.E.S.S., vous pouvez facilement dépasser vos concurrents, augmenter le trafic de votre site et, plus important encore, traduire chaque clic en ventes.

Évaluer les bénéfices du marketing Facebook pour l'entreprise

Présentée aujourd'hui comme l'une des plateformes de médias sociaux les plus populaires, Facebook a ses propres et uniques avantages.

En plus de se connecter personnellement avec les membres de la famille et les amis, il peut également être utilisé pour la publicité et la promotion d'une entreprise.

Les stratégies marketing jouent un rôle essentiel dans la réussite et la croissance d'une entreprise car elles sont utilisées pour attirer l'attention des clients. C'est là qu'une page d'entreprise Facebook a l'avantage sur un site Web d'entreprise existant.

Ce chapitre montrera certains avantages de l'utilisation du marketing Facebook :

- L'utilisation de Facebook pour les entreprises est une stratégie marketing à faible coût. L'inscription gratuite sur Facebook est idéale, en particulier pour les petites et moyennes entreprises en démarrage qui ont un budget serré.

- Sans se lancer dans des activités de marketing onéreuse qui coûtent des milliers de dollars, ces entreprises peuvent cibler des millions de personnes qui peuvent se transformer en clients payants potentiels au fur et à mesure.

Les grandes entreprises profitent également de l'occasion pour utiliser Facebook pour leurs plans et concepts de marketing d'essai avant d'intensifier des campagnes plus importantes.

- Les informations commerciales peuvent être partagées. Étant donné que Facebook est le bon moyen pour promouvoir une entreprise, il est important de fournir des informations sur le nom, l'adresse et ses coordonnées de l'entreprise.

Afin d'attirer plus de clients, une page commerciale doit également contenir de brèves descriptions sur tous les aspects, y compris ses produits et services ainsi que son historique et sa liste de personnel.

- Il est interactif. Outre la publication de textes, le téléchargement de photos et de vidéos est également autorisé, ce qui rend Facebook plus facile à personnaliser qu'un site Web d'entreprise.

Aucune compétence technique n'est requise pour gérer, personnaliser une page d'entreprise Facebook, car c'est à peu près la même chose que la gestion d'un compte Facebook personnel.

L'interaction a lieu lorsque le public se marque sur la photo utilisée pour annoncer et promouvoir une entreprise.

- Il permet la communication avec les clients actuels et potentiels grâce à l'échange de messages. L'écoute de leurs commentaires concernant les produits et services est essentielle dans le marketing Facebook.

- Il est plus facile de fournir un support client sur Facebook. Les questions peuvent être publiées directement en fonction de l'expérience des clients dans l'utilisation d'un produit ou service particulier.

C'est plus efficace que de prendre des appels téléphoniques, car les clients peuvent déjà voir les requêtes et les réponses courantes d'autres personnes.

En conséquence, les problèmes peuvent être rapidement résolus. De plus, cela peut augmenter le niveau de satisfaction des clients.

- La notoriété de la marque peut être augmentée grâce aux likes Facebook. Outre le bouche à oreille, aimer la page Facebook augmentera la popularité d'une page d'entreprise.

- Il peut augmenter le trafic sur le site Web en incluant des URL de page Facebook sur les publications. L'exposition de ces liens aux utilisateurs de Facebook peut également convertir les visites en achats commerciaux potentiels.

- Maximisez cet avantage, en particulier lorsque les gens sont motivés pour acheter des produits ou des services en tant que consommateurs.

La publicité peut cibler un groupe particulier de personnes. Les spécialistes du marketing peuvent maximiser la création d'annonces Facebook pour certaines personnes qui ont indiqué un intérêt particulier en faisant apparaître ces annonces sur le côté droit de leurs pages Facebook.

Facebook est la seule plateforme de médias sociaux qui peut offrir ces avantages. Par conséquent, profitez-en pour utiliser le marketing Facebook pour promouvoir votre entreprise et vos activités.

Utiliser Facebook pour le E-commerce

Une question parmi les plus récurrentes au sujet du potentiel marketing de Facebook en E-commerce consiste est de se demander si Facebook peut être une bonne source d'acquisition de trafic.

Cette acquisition de trafic qui se traduirait par des conversions.

Comme souvent, dans ce genre de situation, vous aurez des avis positifs et bien évidemment des opinions foncièrement négatives.

Pour chaque histoire positive que vous entendez venant de marchands au sujet du trafic Facebook et de son influence positive sur les ventes, il y en aura des dizaines d'autres qui déclareront être déçus par Facebook en matière de conversions.

Leur frustration vient du fait qu'ils ne peuvent tout simplement pas convertir un volume important de trafic provenant du réseau social en acheteurs réels de leurs produits.

Certes, certains utilisateurs de Facebook ont-ils subi des revers de fortune. Les résultats obtenus n'étaient pas à la hauteur de leurs espoirs. Ce qui fait enrager davantage est l'argent investi qui est perdu à jamais.

Il est évident que vous ne pouvez pas gérer une boutique en ligne avec succès en vendant quelques produits par-ci, par-là.

Vous avez besoin d'un taux de conversion stable et prévisible. Vous avez besoin d'une sorte de référence minimale de conversions prévisibles.

La raison pour laquelle beaucoup de gens connaissent des déboires avec Facebook en E-commerce tient à ce qu'ils se concentrent sur la vente directe.

Ils pensent que s'ils publient une annonce sur Facebook vendant une sorte de bijou et s'ils la montrent à suffisamment de personnes, les gens achèteront sans sourciller.

C'est une idée fausse commune à propos de Facebook, et cela coûter très cher très vite. Cela représente à peu près la majeure partie des retours au sujet de faibles conversions en E-commerce.

Il s'agit d'une annonce directe qui ne génère aucune vente directe.

La vérité sur les taux de conversion du commerce électronique sur Facebook

Voici la bonne nouvelle. Facebook peut convertir. Cependant, souvent, ce n'est pas sous la forme que vous souhaitez. Vous devez être plus créatif. Comment cela marche-t-il ? Eh bien, le trafic Facebook peut se convertir si vous recibler.

En d'autres termes, les personnes qui ont trouvé votre site Web par elles-mêmes et qui sont allées sur des pages internes peuvent avoir un compte Facebook.

La prochaine fois qu'ils se connecteront à leur compte Facebook en même temps que vous lancerez une campagne de reciblage, vos annonces leur seront visibles.

Vos annonces leur rappelleront de revenir à votre panier ou à votre site Web. Il a été prouvé que cela augmentait le retour sur investissement.

Facebook peut également aider à convertir via l'inscription à une page de capture. En d'autres termes, vous utilisez Facebook pour inciter des personnes à rejoindre votre liste de diffusion.

C'est en fait votre liste de diffusion qui fait le gros du travail, en ce qui concerne la vente de produits aux membres de votre liste.

Une autre façon dont Facebook peut fournir des résultats en E-commerce via votre entreprise est de booster la page Facebook.

Fondamentalement, vous créez une page Facebook et vous ciblez des audiences similaires en fonction de l'intérêt des personnes qui aiment déjà votre page.

Ensuite, vous envoyez du contenu. En utilisant ce contenu, vous pouvez profiler les intérêts des membres à fort engagement typiques de votre page.

Une fois que vous avez obtenu cette information très importante des consommateurs, vous pouvez ensuite lancer une campagne d'audience similaire sur Facebook ciblant les personnes ayant les mêmes intérêts.

L'idée étant : si vous connaissez l'intérêt de la personne qui achète réellement chez vous et que vous faites de la publicité à une autre personne avec exactement le même ensemble d'intérêts, la chance que cette deuxième personne achète est beaucoup plus élevée qu'un étranger complet et total.

En bout de ligne ? Oui. Facebook peut faire vendre vos produits mais, vous devez utiliser ses outils de la bonne façon. Vous ne pouvez pas simplement y aller, publier un lien d'affiliation, ou un lien direct vers votre boutique Shopify, ou un lien direct vers votre produit, et vous attendre à une vente.

Cela ne fonctionne pas de cette façon. Bien sûr, vous pouvez convertir de temps en temps, mais il est probable que vous n'obtiendrez pas les résultats que vous recherchez. Vous devez utiliser les techniques décrites ci-dessus.

Obtenez des résultats réalistes avec Facebook Lead Generation

Comme vous le savez probablement déjà, lorsque vous lancez une campagne payante sur Facebook, sa plateforme publicitaire vous permet de collecter des leads.

Vous pouvez lancer une campagne de génération de leads. Le problème est qu'il y a tellement de mythes et d'idées fausses concernant la génération de leads sur Facebook que vous échouerez probablement.

Je ne dis certainement pas cela pour vous décourager, mais soyons réalistes ici. Si vous croyez en ces idées fausses, il y a de fortes chances que vous vous prépariez à une déception.

Comment devez-vous faire pour obtenir de bons résultats ?

Eh bien, c'est en fait assez simple. Suivez les étapes ci-dessous :

Trouvez des concurrents et découvrez leurs cadeaux

La première chose que vous devez faire est d'aimer les pages de vos concurrents et de rejoindre leurs groupes. De cette façon, vous configurez votre profil utilisateur pour qu'il soit ciblé par leurs annonces. Trouvez leurs annonces et découvrez ce qu'ils utilisent pour les cadeaux.

Qu'est-ce que cela vous dira ? Tout d'abord, il vous indiquera le type d'incitations disponibles. Il vous indique également que neuf fois sur dix, vos concurrents ont testé leur campagne
Vous devez comprendre que pour générer un lead sur Facebook ou toute autre plate-forme, vous devez donner un cadeau en échange d'un courriel.

Donc, la clé ici est de comprendre leurs stratégies pour inciter les visiteurs à répondre favorablement à leur offre et par conséquent, obtenir le cadeau.

En fait, vous devez vous muer en espion et reproduire ce que vos concurrents qui ont déjà du succès font.

Vous avez déjà entendu dire "Ne réinventez pas la roue" ou "Faites comme ceux qui ont déjà réussi" ?

Vous allez donc copier et optimiser ce qu'ils font. Je ne dis pas que vous devriez copier et coller. Je dis que vous devez copier et optimiser. Ceci est différent.

Lancer une campagne à long terme

La prochaine étape du succès consiste à accepter le fait que vous allez lancer une campagne à long terme.

Vous allez diffuser une annonce. En d'autres termes, vous allez dépenser très peu d'argent pour chaque annonce pendant que vous la testez.

Vous déterminez l'annonce qui fonctionne le mieux, puis vous l'optimisez pour essayer d'améliorer son taux de conversion. En utilisant une approche élémentaire, vous devriez être en mesure d'identifier l'annonce qui vous convient le mieux.

Vous continuez à exécuter ces campagnes à long terme tout en vous concentrant sur les annonces réussies. Cela réduit vos coûts totaux de campagne.

Continuez à optimiser jusqu'à ce que vous trouviez les meilleurs résultats pour le plus petit montant d'argent

En fin de compte, vous pouvez continuer à diffuser ces annonces, en vous concentrant sur les meilleures conversions, puis à les optimiser jusqu'à ce que vous trouviez le meilleur résultat pour le plus petit montant d'argent.

Vous développez ensuite votre campagne en augmentant le montant que vous payez pour les annonces.

Cela garantit que vous obtenez beaucoup plus de vues et si vos annonces sont optimisées correctement, elle sera convertie à un taux optimal.

Utilisation de contenu optimisé pour le marketing Facebook

Que les choses soient claires, lorsque je dis que vous devez copier vos concurrents, cela ne signifie pas reproduire à l'identique tout ce qu'ils ont fait.

Car soyez certain que cela ne fonctionnera pas.

Pourtant, ce sont des choses que l'on voit tous les jours. C'est ce qu'on appelle le "contenu organisé".

Les adeptes de ces manières de faire trouvent simplement du contenu qui semble être lié à leur créneau et fonctionnent avec.

Mais souvent, pour ne pas dire toujours, ce qui a été copié n'est qu'une partie de la stratégie mise en place par vos concurrents.

Ce qui fait que si vous n'avez pas toute la recette, vous ne pourrez jamais réussir le plat.

Vous devez vous aider de ce que vous avez découvert, vous devez identifier le meilleur contenu de vos concurrents et vous en inspirer pour faire vos offres, vos propres offres.

En fonction de la réaction ou pas de vos fans à vos pages au contenu spécifique, vous devez adapter, retirer, améliorer.

Bref, vous devez travailler votre offre pour qu'elle soit toujours meilleure.

Vous devez soit trouver d'autres contenus tiers que vous pouvez organiser, soit, comme déjà dit, créer vos propres contenus.

Quel que soit le cas, il s'agit d'un exemple simple de recherche de ce qui fonctionne.

Lorsque vous démarrez votre page, vous ne savez vraiment pas ce qui fonctionnera. Vous ne savez même pas si suffisamment de personnes aimeront votre page.

Ce qui est important, c'est que vous continuiez à diffuser du contenu dans la mesure où certaines personnes s'y intéresseraient. Certaines personnes pourraient l'aimer assez pour lui donner une chance de succès.

Vous publiez ce type de contenu plus souvent pour voir si vous pouvez maintenir votre niveau d'engagement. Si tel est le cas, recherchez davantage de contenu du même type, créez votre propre version et augmentez vos niveaux d'engagement.

Cela vous permettra également d'obtenir plus de likes sur votre page. Comment ?

Étant donné que vous savez quel type de contenu populaire et quel type de thèmes et de sujets reviennent, vous pouvez cibler les intérêts de votre utilisateur moyen et générer du trafic à l'aide de la fonctionnalité d'audience similaire de Facebook.

L'engagement est la cheville ouvrière d'un contenu réussi.

Ne vous concentrez pas seulement sur l'obtention de likes. Vous devez augmenter vos types et votre intensité d'engagement. Concentrez-vous d'abord sur les likes.

Une fois que vous avez atteint un niveau suffisamment élevé, encouragez vos lecteurs à publier des commentaires. Continuez à faire des expériences.

Une fois que vous leur avez permis de publier de nombreux commentaires, passez au niveau suivant et encouragez-les à partager. Ne vous y trompez pas, l'engagement des utilisateurs n'est pas différent du trafic - vous devez l'optimiser.

Vous devez l'intensifier. Vous devez affiner est-ce que cela conduit finalement à votre objectif ultime : les conversions. C'est la partie du processus qui produit effectivement de l'argent sur votre compte bancaire. C'est là que les choses deviennent réelles

Comme je l'ai mentionné précédemment, l'un des meilleurs moyens de créer votre page Facebook est de ne pas créer de contenu original.

Du moins, pas au début. Vous devriez regarder les pages Facebook de vos concurrents et trouver leur meilleur contenu.

Vous devez ensuite publier ces éléments de contenu sur votre page et étudier vos statistiques très attentivement. Lequel de vos messages est le plus partagé ? Lesquels sont les plus commentés ? Lesquelles sont les plus appréciées ?

Une fois que vous êtes en mesure de déterminer les éléments de contenu spécifiques qui suscitent le plus d'engagement, vous devriez pouvoir voir un modèle plus large.

Vous devriez être en mesure de voir que certains éléments de contenu attirent simplement beaucoup plus l'attention. Ils impliquent davantage vos utilisateurs.

Votre travail consiste alors à sélectionner ces contenus gagnants. Vous recherchez des types de contenu apparentés ou similaires et les publiez sur votre site. Finalement, vous créez votre propre version.

Si vous l'avez bien fait, votre niveau d'engagement sera le même que le matériel produit par des éditeurs tiers. C'est ainsi que vous saurez que vous faites cela correctement.

Comment choisir le meilleur contenu

Maintenant, c'est une chose de dire que vous allez choisir le meilleur contenu de vos concurrents, c'est une autre de le faire de la bonne façon. Vous voyez, le grand danger ici est que vous allez utiliser votre opinion sur ce que signifie « le meilleur contenu ».

Les gens ne se soucient pas de ce que vous aimez ou n'aimez pas. Ce qui leur importe, c'est ce qu'ils aiment. C'est tout pour eux.

Alors, comment utilisez-vous cela comme une stratégie gagnante ?

C'est en fait très simple. Vous regardez les pages Facebook de vos concurrents et parcourez leurs publications. Lequel de leurs messages est le plus populaire ? Lequel de leurs messages est le plus partagé, obtient le plus de likes ou obtient le plus de commentaires ?

Prenez le lien de ces messages et affichez-les sur votre site Web. Voyez si vous obtenez le même niveau d'engagement. Si vous faites cela suffisamment de temps avec le contenu de nombreux concurrents différents, certains modèles émergent.

Vous vous rendrez rapidement compte que le public que vous avez constitué, jusqu'à présent, est plus susceptible de s'engager avec certains types de contenu que d'autres.

Vous comprenez ce qui fonctionne et vous oubliez tout le reste.

Vous en publiez davantage et, vous créez votre propre version. C'est ainsi que vous jouez au jeu. Ce n'est pas une question d'intuitions ou de suppositions. Vous devez regarder des indications objectives de popularité telles que les likes de page, les commentaires, les partages et d'autres types d'engagement.

J'espère que vous voyez comment cela fonctionne. Si vous le faites correctement, vous pourrez mettre en place une page Facebook assez convaincante qui peut conduire à des conversions plus tard.

Utiliser les techniques de vos concurrents sur Facebook

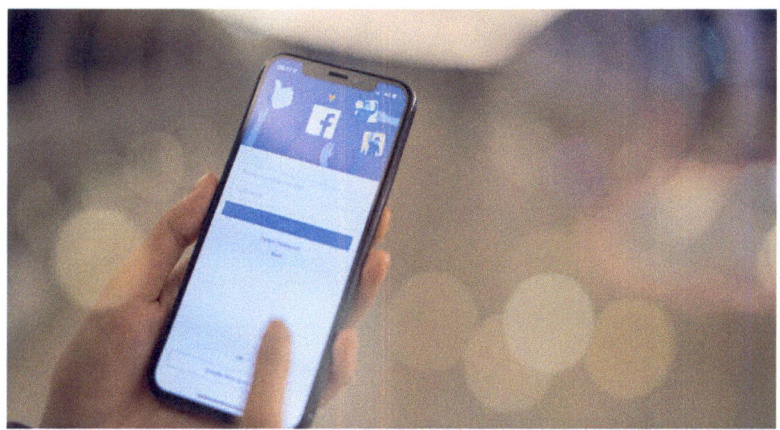

Beaucoup de gens qui s'essayent au marketing Facebook n'hésitent pas à dire que c'est un échec et que cela ne fonctionne pas vraiment.

En fait, ils ne savent pas comment cela fonctionne. Ils ne savent pas comment optimiser leurs campagnes. Ils pensent que puisque cela n'a pas produit le genre de résultats qu'ils attendaient, alors ce doit être une source de trafic sans valeur.

Non, ils font juste mal.

Ils ont du mal à comprendre Facebook. A partir de zéro. Ils ont essentiellement essayé d'apprendre Facebook par eux-mêmes et ils ont fini par dépenser beaucoup d'argent tout en obtenant très peu de résultats.

D'où leur énorme frustration et leur sentiment bien ancré que Facebook ne fonctionne pas.

Il existe, pourtant, un moyen simple de réussir sur Facebook. Comment ?

Inverser le système.

Pour le dire simplement, vous comprenez ce que font vos concurrents et vous apprenez des leçons importantes de la façon dont ils gèrent leurs pages Facebook, ainsi que du contenu qu'ils partagent afin que vous puissiez obtenir de meilleurs résultats.

Voici comment procéder.

Trouvez et aimez les pages et les groupes de vos concurrents

La première chose que vous devez faire est d'obtenir une liste massive de vos concurrents. Trouvez-les sur Facebook et rejoignez-les. Bien sûr, vous allez utiliser un compte individuel pour cela.

Vous n'allez pas utiliser un compte qui est en quelque sorte lié à votre page fan. Vous allez devoir faire cela incognito. Trouvez autant de leurs pages que possible et aimez-les. Trouvez tous leurs groupes et rejoignez-les.

Prêtez attention à leur contenu

Une fois que vous avez rejoint tous ces concurrents, faites attention au contenu qu'ils reçoivent. Vous devriez pouvoir isoler les modèles. Vous devriez pouvoir noter les points de coïncidence.

Vous remarquerez que neuf fois sur dix, ils partagent le même type de contenu. Peut-être que ce contenu parle d'un thème commun.

Peut-être qu'il se concentre sur certains sujets communs. Quoi qu'il en soit, les mêmes choses reviennent encore et encore. Faites attention à ce modèle.

Analysez leurs utilisateurs les plus engagés

Maintenant que vous avez une idée claire du type de contenu dont vos concurrents utilisent, la prochaine étape consiste à regarder les utilisateurs qui commentent.

Quels sont leurs intérêts ? Partagent-ils des intérêts communs ? Vous serez surpris de ce que vous trouverez, car vous remarquerez que les personnes les plus engagées, en apparence différentes, partagent des intérêts communs. C'est un indice très important. En fait, cet indice peut vous faire gagner beaucoup d'argent.

Utilisez les promotions gratuites suivantes pour profiter des informations que vous avez obtenues grâce à l'inversion du système.

Tout d'abord, vous pouvez publier du contenu similaire. Lorsque vous faites cela, vos niveaux d'engagement augmentent car vous partagez le contenu avec lequel vous savez que les membres de votre public cible seraient plus susceptibles de s'engager.

Ensuite, examinez vos modèles de contenu et déterminez votre contenu le plus populaire.

Une fois que vous avez identifié ce contenu populaire, partagez des types de contenu similaires. Cela vous permet d'augmenter le niveau d'engagement de votre page, de manière assez uniforme.
Cela ne se produit pas du jour au lendemain, mais avec suffisamment d'attention aux détails, cela se produira. Vous augmentez simplement la quantité d'un contenu très populaire que vous partagez déjà.

Vous republiez ensuite le même type de contenu sur une période de temps prolongée, afin de pouvoir toucher plus de personnes à mesure que de plus en plus de membres de votre audience interagissent avec votre contenu à un niveau supérieur.

Comment exploiter ces informations avec des campagnes publicitaires payantes

Si vous payez pour vos annonces, vous utilisez vos informations d'audience pour obtenir des indices sur la façon de cibler de nouveaux prospects pour vos liens publicitaires directs ou vos publications sur la page.

Assurez-vous qu'ils partagent des intérêts communs avec les utilisateurs de vos concurrents.

De plus, lorsque vous profilez les utilisateurs les plus engagés de vos concurrents, vous devez utiliser le même ensemble d'intérêts communs lorsque vous ciblez vos annonces.

Cela peut augmenter votre taux de clics et, finalement, votre conversion.

Conclusion

Bien que cette idée ait commencé comme purement sociale, elle s'est transformée en quelque chose que les entreprises adoptent également.

Chaque fois qu'Internet change, les entreprises doivent aussi changer, sinon elles n'obtiendront pas les ventes qu'elles souhaitent.

Maintenant, pour réussir avec des sites comme Facebook, une entreprise doit penser aux éléments qui rendent le site spécial et unique.

Le site est un endroit où les gens peuvent socialiser et participer aux communautés. Si l'entreprise veut vendre son produit ou son service, elle doit bâtir une communauté autour d'elle.

Par exemple, si vous êtes écrivain et que vous souhaitez vendre des produits d'information pour aider d'autres écrivains, vous pouvez créer un groupe sur Facebook conçu pour enseigner à d'autres écrivains.

S'ils aiment le groupe, ils achèteront probablement votre produit.

Un énorme avantage de l'utilisation de Facebook pour les entreprises est que vous avez accès aux profils et aux informations de nombreux utilisateurs.

Pour une entreprise, cela vous aidera à cibler les données démographiques de ceux qui seront intéressés par votre produit ou service.

Facebook s'agrandit

Facebook est l'un des plus grands sites de réseautage social et Web 2.0 actuellement, et il ne cesse de croître. Il a commencé comme un site principalement destiné aux étudiants et est devenu un phénomène mondial.

Contrairement à certains sites sociaux, Facebook adopte en fait l'idée que les gens peuvent utiliser leur site pour créer leur entreprise.

Le fondateur et les développeurs se consacrent à offrir une expérience utilisateur positive à tout le monde sur le site, y compris les propriétaires d'entreprise.

Mais il y a un art à utiliser ce site de cette façon. Ne pas suivre ce qui est prescrit vous conduira directement à l'échec.

Prenez le temps d'apprendre. Prenez le temps de regarder d'observer. C'est un temps passé qui vaut toujours son pesant d'or.

Deuxième Partie

Introduction

La vidéo est plus que jamais le support de base de l'information sur internet et devient à ce titre un puissant outil de communication pour tous ceux et toutes celles qui ont une activité en ligne, qu'elle soit commerciale ou non. Facebook aime particulièrement la vidéo, ce n'est pas un secret. Mais prenez-vous vraiment conscience du fait que votre auditoire AUSSI aime les vidéos…

Pensez-y de cette manière : votre public aime ce que vous avez à dire, mais il veut vous CONNAÎTRE avant, éventuellement, de dépenser une somme d'argent importante avec vous. S'ils ne sont pas du coin et ne peuvent pas vous rencontrer dans un café, comment vos prospects savent-ils que vous êtes un vrai personnage ?

Eh bien, par exemple, en regardant votre programme vidéo live.

Les fans du monde entier peuvent voir votre énergie et entendre votre voix lors d'une émission en direct, ce qui leur permet de se faire une idée de votre style de travail. Considérez vos vidéos en direct comme un test pour les fans qui ne sont pas encore convaincus. S'ils ne peuvent pas vous rencontrer en personne, la meilleure solution est de vous rencontrer à distance via un émission live.

En tant que fournisseur de produit ou se service sur internet, vous bénéficiez également de la diffusion en direct, car vous apprenez à mieux connaître votre public grâce aux questions et aux commentaires que vous recevez en direct.

Allez encore plus loin dans cette idée en utilisant le live au sein de votre groupe Facebook, qu'il soit fermé ou secret. Dans un espace privé, vos membres sont plus enclins à poser des questions ou à partager des expériences qu'ils ne souhaitent pas évoquer ailleurs.

Vous pouvez donc creuser un peu plus profondément à l'intérieur d'un groupe pour identifier certains points douloureux. Plus vous en savez sur les membres de votre auditoire, plus vous pouvez créer des produits ou des formations qui les aideront vraiment.

La diffusion en direct peut également ajouter un élément de surprise pour votre public si vous faites des offres ponctuelles. Créez un sentiment d'urgence en limitant votre offre, soit au premier nombre XX de clients, soit en la faisant expirer à un moment donné. Ainsi, les fans qui regardent le direct ont la possibilité d'obtenir beaucoup, tandis que ceux qui regardent la rediffusion se feront un devoir de prêter plus d'attention à vos notifications afin de ne plus manquer les prochaines offres.

L'ajout de sessions live (en bonus) à votre groupe payant apporte une valeur ajoutée significative, surtout si elles ont lieu régulièrement. Une séance de questions-réponses mensuelle ou hebdomadaire ou une série de cours permettent à vos membres payants de vous contacter pour que vous puissiez les aider sur une base plus personnelle. Ces réunions régulières vous permettent également d'en apprendre davantage sur eux et de vous tenir au courant de leurs besoins et de leurs difficultés.

Adoptez la technologie du direct Facebook au lieu de la considérer comme une tâche de plus sur votre interminable liste de choses à faire. La diffusion en direct permet vraiment d'établir une relation gagnant-gagnant entre vous et vos prospects.

Première étape : préparation de votre première émission

Même s'il est facile de prendre votre téléphone portable et d'appuyer sur le bouton LIVE de Facebook, il est toujours conseillé de faire un peu de préparation, surtout si vous cherchez à étendre votre champ d'action et à vous consolider en tant qu'expert dans votre domaine. Bien sûr, "la pratique rend parfait", mais les vidéos ont une façon de vivre indéfiniment et vous ne voulez pas qu'une de vos premières tentatives de "live streaming" ternisse la réputation de votre entreprise.

Choisir le bon équipement et le bon style pour réussir

Commencer par votre téléphone portable est une bonne première étape, mais pensez toujours à la façon dont vous utiliserez ces flux et à combien la qualité professionnelle est importante pour votre marque. Envisagez de moderniser votre téléphone puis installez l'application Facebook. Vous pouvez aussi investir dans une caméra vidéo de qualité studio. Dans ce cas il faudra utiliser la fonction "connexion" de Facebook (via votre compte Facebook internet) et éventuellement un logiciel qui fera l'intermédiaire entre votre source vidéo (la caméra ou l'appareil photo qui est branché(e) à votre ordi ou même une fenêtre de l'écran de votre ordi) et votre compte Facebook.

Je peux vous suggérer OBS studio, qui fera très bien l'affaire, et qui est gratuit. Une simple recherche sur votre moteur de recherche favori vous donnera accès à ces possibilités. Donc n'oubliez pas que vous avez deux possibilités : le téléphone portable et l'application Facebook (plus facile) ou bien la caméra, l'ordinateur et un logiciel tiers (un peu plus complexe, avec des paramètres de streaming à copier/coller depuis Facebook).

Ensuite, pensez à l'éclairage. Cacher votre visage dans l'ombre diminuera l'impact de votre message, alors trouvez une source de lumière naturelle, comme une fenêtre, et placez-vous devant pour vérifier s'il y a des ombres ou des reflets. Il peut être difficile de trouver le bon équilibre avec la lumière : trop de lumière donne un aspect éblouissant alors que trop peu de lumière projette des ombres.

Si vous n'avez pas de chance avec l'éclairage naturel, envisagez d'acheter un éclairage circulaire sur trépied. Il en existe de toutes les tailles et de tous les prix, mais ils vous permettent de filmer absolument n'importe où, à condition qu'il y ait de l'électricité pour faire fonctionner la lumière. Là encore, il vous faudra expérimenter la distance à laquelle vous devez vous tenir pour avoir un visage éclairé naturellement.

Maintenant, considérez l'arrière-plan. Est-il si chargé qu'il détourne l'attention de votre message ? Ou votre mur blanc est-il si ennuyeux qu'il fait fuir les gens ? Faites donc très attention à ce qu'il y a derrière vous car les objets visibles peuvent délivrer un message aux yeux de vos spectateurs. Si votre espace de travail est propre et bien rangé, utilisez-le tel quel comme arrière-plan naturel. Si votre bureau se trouve dans un coin de votre chambre, envisagez d'utiliser un rideau pour cacher le lit.

Pour le mur, il suffit de quelques photos joliment encadrées sur un fond de couleur neutre pour faire l'affaire.

Testez également quelques microphones lors de l'installation de votre "studio". La plupart des téléphones portables captent très bien le son, mais si vous avez un budget vous améliorer votre équipement, pensez à un microphone qui s'attache à un revers de vêtement pour une capture sonore claire.

Au fur et à mesure de la progression de vos émissions en direct et de l'augmentation de la valeur de vos offres, vos besoins en équipement vont certainement changer. Soyez toujours à l'affût de la façon dont vous pouvez améliorer votre équipement ou du moment où vous pouvez engager un vidéaste pour prendre en charge vos tâches de production en direct.

Exercice : revoir votre équipement et le mettre à niveau si nécessaire.

Équipement actuel	Possibilités d'amélioration
Téléphone portable • Enregistrez une vidéo de test et regardez objectivement si votre téléphone produit la qualité que vous recherchez. • Avez-vous l'air flou à certains moments ? • Pouvez-vous voir clairement votre visage et ce qui vous entoure ?	• Demandez conseil à vos amis ou à vos collègues de travail • Renseignez-vous sur les options qui s'offrent à vous auprès de votre fournisseur de téléphonie mobile --------------------------------------- --------------------------------------- ---------------- **Réflexions diverses, tarifs :**

Éclairage • Enregistrez une vidéo d'essai devant une fenêtre et/ou dans différentes pièces avec différents types d'éclairage. • Si le temps le permet, enregistrez une vidéo à l'extérieur. • Quel scénario élimine le mieux les ombres et les reflets de votre visage ?	• Lumière circulaire • Éclairage de studio de style professionnel • -- **Réflexions diverses, tarifs :**

Arrière-plan	• Tapisserie
	• <u>Arrière-plan studio</u>
• Il est temps de conjuguer votre éclairage parfait avec votre arrière-plan parfait.	-------------------------------- -------------------------
• L'arrière-plan de votre lieu de tournage est-il propre et ordonné ?	**Réflexions diverses, tarifs :**
• Avez-vous besoin de cacher des meubles ou du bazar ?	
• Votre arrière-plan est-il agréable ou bien trop chargé ?	
• Pensez à l'impression/l'image que vous voulez donner.	

Votre budget audiovisuel

Pouvez-vous vous permettre de moderniser votre équipement ? Oui / Non	**Liste d'équipement :**
De combien de ventes ou de nouveaux clients avez-vous besoin avant de renouveler votre équipement ?	
Combien de mois vous faudra-t-il pour obtenir ces ventes ou ces nouveaux clients ?	
Quelles mesures allez-vous prendre pour gagner cet argent nécessaire aux améliorations ?	

Deuxième étape : vos objectifs

Avant de planifier et d'héberger un Live Facebook significatif, vous devez savoir *pourquoi* vous le faites. Si vous n'avez pas de plan suffisamment bien préparé, un message simple peut donner lieu à une diatribe qui n'aura aucun rapport avec votre activité. Vous voulez ATTIRER de nouvelles personnes dans votre entonnoir de vente et dans le suivi de vos réseaux sociaux, et non les repousser parce qu'elles ne comprennent pas bien votre message.

Si vous devez choisir des objectifs spécifiques, ce que je vous recommande, voici trois points à considérer, sans ordre d'importance particulier :

Objectif 1 : Établir des relations

Vos followers veulent vous connaître et vous faire confiance avant d'acheter chez vous, vous devez donc leur prouver votre valeur. Établir des relations avec vos abonnés leur permet de voir à l'intérieur de votre vie, d'avoir un aperçu de votre positionnement professionnel et de juger de l'intérêt potentiel de vos produits et services. Construisez ces relations en communiquant régulièrement via des programmes live (sans négliger les aspects plus classiques et les emails) et partagez ce que vous faites sans faire de discours de vente. Lorsque le moment sera venu, ils se tourneront vers vos programmes payants pour obtenir de l'aide.

Objectif 2 : lancer un défi à votre communauté

Créer des défis pour votre communauté est un excellent moyen d'obtenir un engagement tout en mettant en valeur votre expertise. Fixez une limite à chaque défi (7, 10 ou 30 jours sont les plus courants) et soyez prêt à interagir en direct avec votre communauté ou groupe au moins une fois par jour, si ce n'est plus.

Votre travail en tant qu'hôte de défi consiste à aider vos fans à sortir de leur zone de confort et à les aider à réaliser quelque chose de nouveau ou à surmonter un obstacle. Utilisez votre streaming live pour présenter votre style, donner des conseils pertinents et répondre à toutes les questions qui se posent, et vous gagnerez de nouveaux clients en un rien de temps.

Objectif 3 : vendre quelque chose

En fin de compte, vous êtes dans la vente sur internet pour faire des bénéfices, alors n'ayez pas peur de vanter vos programmes et vos produits. Il y a une différence entre faire une vente difficile avec des tactiques de vente extravagantes et informer gentiment votre tribu sur votre dernier produit et toutes ses caractéristiques et avantages. La retransmission en direct est un excellent moyen de renouer cette relation tout en expliquant à votre public pourquoi ce produit ou ce service est fait pour lui. Lorsque vos spectateurs verront votre enthousiasme communicatif, ils auront davantage envie d'acheter.

La qualité de votre production devient alors un facteur important, surtout si vos produits/services sont vendus à un prix élevé. Maintenez votre image live en adéquation avec une tarification haut de gamme pour obtenir les taux de conversion les plus élevés ; cela signifie que vous devez mettre à niveau votre équipement pour obtenir la qualité vidéo nécessaire.

Une remarque importante : les gens réagissent à la vidéo mais vous risquez de perdre leur attention si elle aborde trop de sujets. Choisissez UN BUT et UN SUJET par vidéo. De cette façon, vous êtes concentré et vous ne troublez pas votre public.

Exercice : les objectifs de vos sessions live Facebook.

Vos objectifs	Que pouvez-vous offrir à votre public ?
Construire un lien de confiance *Qu'est-ce que cela signifie pour vous ? Rédigez quelques notes ici...*	*Que pouvez-vous proposer ? Des conseils, de l'inspiration, des histoires vécues, un regard sur les coulisses de votre entreprise, un aperçu de votre dernier cours ou de votre dernier produit/service...* • • • •

Défier vos abonnés *Indiquez quelques idées…*	*Comment allez-vous vous y prendre ? Quel est votre parcours ou votre spécialité ? Combien de jours ? Prix, récompenses ?* • • •
Vendre et gagner de l'argent *Combien de ventes ?* *Combien de revenus ?*	*Qu'avez-vous à offrir ? Livres électroniques, cours, coaching de groupe, formations haut de gamme, séminaires, groupe de réflexion…* • •

Troisième étape : préparer ce que vous allez dire

Les émissions improvisées peuvent être amusantes, mais si vous voulez atteindre vos objectifs, il est utile d'avoir un scénario. Voici un moyen simple et rapide de créer un scénario sans étouffer votre créativité tout en vous permettant d'atteindre vos objectifs de diffusion en direct.

1. Commencez par une liste des points principaux. Si l'écriture n'est pas votre point fort, si la rédaction d'un texte complet vous bloque et vous empêche d'aller plus loin, facilitez-vous la tâche et commencez par une petite liste de points à aborder. Quel est l'objectif de ce streaming ? Quels sont les principaux points que vous voulez faire valoir ? Y a-t-il une histoire connexe que vous aimeriez inclure pour créer un lien avec votre public ?

Commencez par cela et vous pouvez toujours développer ces points à travers un texte plus conséquent si vous ne voulez pas "improviser".

2. Pratiquez la "Règle des 3". En examinant vos points de discussion, ajoutez trois points d'appui rapides pour chaque point de discussion principal. Vous exprimerez vos concepts de manière plus complète et votre public aura plus de chances de se souvenir de votre message ou de votre offre en utilisant cette technique.

Ainsi, si vous affirmez que votre livre électronique vous montrera comment travailler de manière plus productive, étayez cette affirmation par trois courts points d'appui.

3. Répondez à ces questions : Qui, quoi, quand, où, pourquoi et comment. Pensez à votre public et aux questions qu'il se posera lorsqu'il tombera sur votre programme. Tenez-vous en à ces questions de base et vous aurez un public informé et désireux de passer à l'action.

4. Mentionnez les avantages et les caractéristiques de votre produit ou de votre défi. Ils seront très probablement couverts par les questions "qui, quoi, quand, où, pourquoi et comment", mais revenez à la case départ. Votre public voudra savoir "qu'est-ce que j'y gagne" avant d'effectuer un achat quelconque.

5. Faites-en sorte que votre scénario soit conversationnel. Dans un contexte de diffusion en direct, comme dans n'importe quel contexte sur internet, les règles traditionnelles de l'écriture ont pratiquement disparu. L'écriture d'un scénario, surtout si VOUS en êtes la vedette, doit se faire avec votre propre voix, de façon conversationnelle. Après tout, vous avez une conversation avec votre public, donc il doit bien vous ressembler sur au moins quelques aspects. Écrivez votre scénario comme si vous parliez directement à votre meilleur ami.

6. N'oubliez pas de vous présenter. Vos amis et votre famille savent qui vous êtes, mais tous les followers ne se souviendront pas de votre biographie. Commencez par une brève introduction, d'autant plus qu'il s'agit de votre PREMIÈRE émission en direct, et ajoutez un peu d'information sur votre activité, sur qui vous êtes, pourquoi vous aimez ce que vous faites et qui vous êtes amené à aider (c'est-à-dire votre client idéal). Indiquez l'URL de votre site web au début et à la fin de votre flux vidéo pour que les gens s'en souviennent.

Exercice : Les points à aborder.

Principaux points de discussion	Points d'appui
A qui s'adresse votre produit, service, programme ou formation ? •	*Souvenez-vous de la "règle des 3".* • • •
En **quoi** consiste votre produit, service, programme ou formation ? • **Quel en est** le format ? •	*Ajoutez 3 points d'appui pour chaque point* • • • • • •
Quand le lancerez-vous ou depuis quand est-il en vente ? •	*Ajoutez 3 points d'appui.* • • •

Pourquoi avez-vous créé ce produit/service, programme, formation ?	*Ajoutez 3 points d'appui.* • • •
Comment peut-on acheter ou se procurer votre offre commerciale ? •	*Ajouter 3 sous-points.* • • •

Quatrième étape : une dose d'interaction

L'intérêt d'être en direct sur Facebook est d'interagir avec votre public. Parfois, vous verrez un gros 0 dans le compteur des spectateurs et vous vous demanderez pourquoi vous vous parlez à vous-même, mais une fois que vous aurez pris l'habitude de diffuser en direct, votre audience pourrait vite atteindre la centaine.

VOUS êtes le leader dont votre communauté a besoin pour l'aider ou pour la guider vers la réponse à ses problèmes. VOUS devez aller à la rencontre de votre communauté pour savoir ce dont elle a besoin… et la vidéo en direct est la meilleure façon de le faire.

1. Saluez les spectateurs (éventuellement par leur nom). Traitez ces spectateurs en direct comme de l'or ; ce sont eux qui sont les plus attentifs à votre message, alors faites en sorte qu'ils se sentent spéciaux et validez leur présence. Appelez-les par leur nom lorsque vous leur dites bonjour au début de votre flux vidéo et remerciez-les de vous avoir rejoint en direct.

Un conseil important : ne retardez pas le début de votre flux en attendant que les gens vous écoutent. Vous avez vu ces vidéos, où l'animateur vérifie son maquillage, se coiffe ou prend une dernière gorgée d'eau avant de commencer ? Qui veut regarder ça en rediffusion ? Pensez à vos spectateurs ; pensez-vous qu'ils veulent vous voir vous pomponner ou qu'ils veulent entendre votre message ?

2. Posez des questions. Cela peut fonctionner dans deux cas de figure différents : vous posez des questions à vos téléspectateurs *ou* vous organisez un format de questions-réponses où ce sont eux qui vous posent des questions. Ces deux formats sont utiles car ils vous permettent d'en apprendre davantage sur votre public et, par conséquent, sur votre entreprise et vos produits.

Essayez d'intégrer ces deux éléments : vous posez des questions pendant la vidéo tout en encourageant les spectateurs à soumettre leurs questions à la fin du programme, quand vous avez délivré votre programme principal.

3. Offrez des cadeaux. Qui n'aime pas gagner un prix ? Donner un cadeau est un excellent moyen d'inciter les gens à regarder vos émissions en direct et à agir pour gagner ce prix. Laissez libre cours à votre créativité lorsqu'il s'agit de choisir votre cadeau. Savoir ce que votre public trouve précieux et utile rendra vos émissions plus passionnantes.

Lorsque vos téléspectateurs verront à quel point vous êtes enthousiaste à propos du cadeau que vous proposez, ils le deviendront aussi et vous constaterez une augmentation de l'engagement de vos spectateurs.

Finalement, vous vous sentirez plus à l'aise avec la diffusion en direct et le dialogue avec votre communauté lorsque vous prendrez simplement quelques grandes respirations et que vous apprendrez tout ce que vous pourrez sur ces personnes merveilleuses. Soyez naturel(le) et parlez simplement aux gens qui vous regardent en direct.

Exercice : ajoutez une dose d'iteraction.

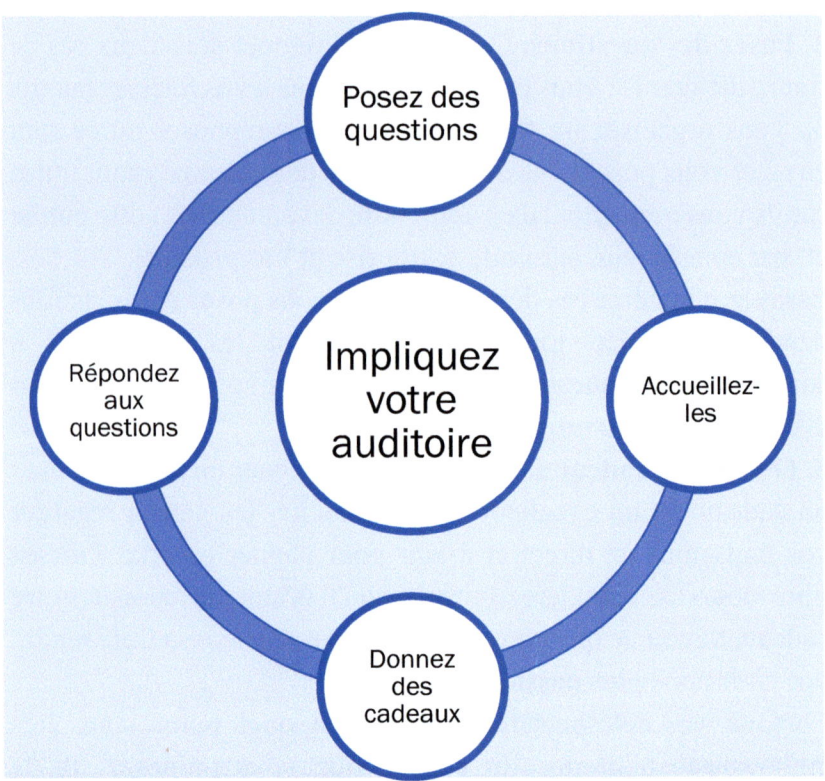

Cinquième étape : vers davantage de spectateurs

Plus il y a de gens qui voient votre livestream, mieux c'est : un meilleur engagement, un plus grand nombre d'adeptes, une augmentation des ventes. Une façon d'attirer davantage l'attention sur votre événement est de créer un événement sur Facebook et de le faire connaître.

Pensez à tout le monde qui regarde votre flux Facebook. Si vous ne promouvez pas votre flux, il y a de fortes chances que les gens ne le voient pas pour diverses raisons. Parlez de ce que vous faites dans vos mises à jour de statut. Envisagez de diffuser une ou deux publicités sur Facebook pour attirer de nouveaux spectateurs. Vous dirigez une entreprise, alors n'hésitez pas à attirer les gens sur votre page web, vos différents réseaux sociaux… ou votre livestream évidemment.

Incitez les internautes à partager

Les spectateurs qui ont appris à vous connaître sont tout à fait disposés à parler de vous à leurs connaissances, mais ce n'est peut-être pas le plus important dans leur esprit. Parfois, il suffit de leur demander un peu d'amour partagé. Ils peuvent partager le post de l'événement ou ceux qui se connectent en direct peuvent partager la vidéo elle-même sur leur propre flux. Encourager ce type de partage vous permet de toucher un plus grand nombre de personnes dans des cercles différents du vôtre.

Travaillez toujours à étendre cette portée afin de pouvoir attirer constamment de nouveaux prospects dans votre cercle.

Autres moyens de partage

1. Lier le partage à un cadeau. Restez discret sur votre cadeau jusqu'à ce que vous ayez atteint le nombre XX de personnes sur votre flux. Choisissez le nombre de téléspectateurs que vous souhaitez atteindre et dites à votre public au début de votre flux que vous avez un super cadeau que vous révélerez lorsque vous aurez atteint ce nombre magique. Encouragez-les à partager la vidéo sur leur mur pour attirer de nouveaux spectateurs. Invitez les utilisateurs de Twitter à envoyer des tweets pour promouvoir le livestream. N'oubliez pas de faire en sorte que votre cadeau corresponde à leurs besoins et surveillez le compteur de spectateurs pour ne pas manquer le chiffre magique.

2. Marquez vos amis dans les commentaires. C'est aussi simple que cela. Si vos téléspectateurs marquent des amis qui pourraient bénéficier de votre message, ces amis recevront des notifications et pourront soit passer en direct, soit regarder la rediffusion. Ne négligez pas cette méthode, car vous ne savez jamais qui connaîtra quelqu'un qui a besoin de votre aide ou qui deviendra votre plus grand fan.

3. Diffusion simultanée en plusieurs groupes/sur plusieurs pages. Les joies de la technologie ! L'utilisation d'un outil tiers comme Live Leap permet de diffuser votre live à plusieurs endroits sur Facebook, par exemple dans différents groupes et sur différentes pages. Live Leap informe même vos publics sur Twitter et LinkedIn de votre événement en direct afin qu'ils puissent se rendre sur Facebook pour le regarder, le tout en appuyant sur le bouton "Go Live" de Facebook.

Une fois que vous aurez établi un programme et que vous aurez fait des émissions en direct régulièrement, tout cela deviendra une seconde nature. Votre public se développera de manière naturelle et de plus en plus de téléspectateurs seront prêts à partager vos vidéos avec leur cercle d'amis.

Exercice : Préparez-vous à augmenter le nombre de spectateurs.

Choses à faire AVANT votre live	
Publicité	• Publicités Facebook • Autres :
Autre communication	• Réseaux sociaux • Articles boostés • Mailing-list • Autres :
Rédiger une proposition alléchante Faites en sorte que votre public soit si enthousiaste qu'il ne manquera pas votre émission. Dites-leur ce qu'ils vont apprendre à la fin de la vidéo.	• Dans vos publicités • Dans la description de votre vidéo • Dans toutes vos communications • Autres :

Choses à faire PENDANT votre live	
Diffusion multiple	<ul><li>Live Leap</li><li>Livestream</li><li>Restream</li><li>Autres :</li></ul>
Demandez aux téléspectateurs de vous aider à faire passer le message.	<ul><li>Partager le live sur leur page ou leur groupe</li><li>Marquer les personnes qui pourraient être intéressées</li><li>Offrir des cadeaux pour encourager le partage</li><li>Autres :</li></ul>

Sixième étape : planifier l'horaire de diffusion

La plupart des gens verront la diffusion de votre émission en direct, mais il est utile de programmer votre événement aux heures de pointe pour différentes raisons.

Tout d'abord, l'interaction avec vos spectateurs en direct contribue à renforcer votre communauté. Vous êtes le chef de file et vos spectateurs ont besoin de quelque chose de vous. Entretenez ces relations dans un cadre de groupe et montrez comment vous pouvez contribuer à résoudre leurs problèmes. Considérez ces périodes de pointe comme des moments de rencontre et d'accueil, seulement plutôt qu'un café local, vous vous réunissez par ordinateur.

Deuxièmement, les spectateurs en direct sont la preuve que vous valez la peine d'être écouté, de sorte que d'autres personnes peuvent s'arrêter et écouter aussi lorsqu'elles voient votre vidéo dans leur flux. Si vous voyez 100 personnes regarder une vidéo en direct, la nature humaine vous rendra curieux de savoir ce que vous manquez.

Troisièmement, vous avez plus de chances d'influencer les spectateurs en direct avec votre offre, surtout si vous prenez le temps de leur expliquer soigneusement les détails de votre offre et comment elle peut leur profiter directement. Créez une offre spéciale que les téléspectateurs pourront utiliser et vous verrez probablement une augmentation de vos ventes. La plupart des gens veulent d'abord essayer un échantillon de vos produits pour s'assurer que vous êtes le meilleur avant de dépenser des sommes importantes dans des catégories plus chères.

Enfin, les spectateurs en direct donnent de l'énergie supplémentaire à la vidéo avec leurs questions et commentaires.

Vous ne vous en rendrez peut-être pas compte pendant l'enregistrement, mais la plupart des animateurs peuvent se nourrir des interactions avec leur public et celui-ci sera naturellement plus enthousiaste vis-à-vis du sujet.

Vous entendez la même histoire de la part des acteurs qui comparent le travail sur scène et le travail sur un plateau de cinéma. Un public en direct anime l'atmosphère, même en regardant de l'autre côté de l'objectif d'une caméra.

Maintenant, déterminons les meilleurs jours et les meilleurs moments en fonction du public unique de votre page ou de votre groupe.

Commencez par examiner les articles que vous avez publiés. Quels sont ceux qui suscitent le plus d'intérêt sous forme d'appréciations, de commentaires ou d'échanges ? Notez à quelle heure chacun de ces messages a été publié et à quels jours.

Ensuite, consultez le site en anglais CoSchedule. Il propose régulièrement des études approfondies sur les meilleurs moments pour publier sur les réseaux sociaux. Leurs recherches portent sur de multiples domaines et plateformes sociales, ainsi que sur les résultats d'études menées par d'autres réseaux ou instituts, aux USA mais aussi partout dans le monde.

Fusionnez ces informations avec vos propres observations sur l'engagement de votre public et vous aurez une bonne idée des meilleurs moments pour atteindre le maximum de personnes. La dernière étape consiste à faire un test à travers une courte diffusion pour voir les résultats et éventuellement changer l'horaire de vos futures programmations importantes.

Exercice : planifier vos diffusions en direct.

	LUN	MAR	MER	JEU	VEN	SAM	DIM
MATIN							
Après-midi							
soir							
+ tard							

QUELQUES RÉFLEXIONS

Qu'est-ce que votre public veut ou doit entendre ?

Quels sont les sujets qui peuvent être divisés en une série de vidéos ?

Septième étape : choisir le format

Il existe de multiples façons de structurer votre direct, et chacune d'entre elles attirera un public légèrement différent et aura un résultat légèrement différent. Avant de commencer à écrire un scénario, assurez-vous que votre format correspond à votre objectif.

Devriez-vous mélanger vos formats ? C'est à vous de décider ! Tout dépend du degré de prévisibilité que vous souhaitez avoir et du type d'informations que vous partagez. Examinons quelques formats possibles et comment vous pouvez intégrer chacun d'entre eux dans votre travail.

1. Contenu pratique. La vidéo se prête bien à la démonstration. Si vous êtes expert-comptable, vous pouvez montrer à vos téléspectateurs comment utiliser certaines fonctions du dernier logiciel de comptabilité simplement en retransmettant en direct ce qui se passe sur l'écran de votre ordinateur. Si vous êtes un coach de santé enseignant comment soulager le stress, vous pouvez faire la démonstration de certains étirements ou positions de yoga qui servent à cet effet. Vous pouvez également montrer à vos téléspectateurs à quel point il est facile de créer des recettes saines dans votre cuisine. Vos téléspectateurs veulent toujours apprendre quelque chose de nouveau, alors trouvez un moyen de le leur montrer.

2. Critiques de produits ou déballage. Proposer des avis affiliés à votre public est un moyen facile de gagner un revenu passif chaque mois - à condition que ces offres soient pertinentes pour votre public, bien sûr. Donner des avis honnêtes vous rendra sympathique pour votre public, même si vous incluez des avis sur des produits dont vous n'êtes pas tombé amoureux.

Il vous suffit d'informer votre public sur le produit, le service ou la formation, et de lui donner une adresse URL d'affiliation sur laquelle il pourra cliquer s'il est intéressé par l'achat. Insérez cette URL dans la description de la vidéo pour ceux qui ne regardent pas la vidéo en entier ou pour ceux qui n'ont pas de quoi noter. De cette façon, vous obtenez une petite commission de chaque personne qui achète par le biais de votre lien personnel.

Les vidéos de déballage sont très populaires de nos jours : l'animateur ouvre simplement une boîte et montre/décrit chaque article à l'intérieur. Si vous ne savez pas comment faire, essayez de déballer devant une caméra les vêtements ou chaussures que vous venez d'acheter dans votre magasin préféré. Montrez votre enthousiasme et partagez votre impatience et votre curiosité ! Si vous avez publié un livre, déballez-les en montrant la qualité professionnelle et en décrivant ce que votre public trouvera à l'intérieur. Si vous redécorez votre bureau, montrez à vos spectateurs les photos ou les œuvres d'art que vous essayez de choisir…il y a plein de possibilités !

3. Questions et réponses. Les sessions de questions-réponses sont vraiment aussi simples qu'il y paraît. Préparez-vous à répondre aux questions de votre public concernant votre entreprise et vos produits. Rendez ces sessions plus intéressantes en injectant vos propres questions au public, surtout si vous constatez que l'engagement se ralentit. Faites des séances de questions-réponses une partie de votre programme d'adhésion, de vos formations de groupe ou de votre groupe privé. En permettant à vos auditeurs et à vos étudiants d'avoir accès à votre savoir-faire, vous ferez d'eux des fans convaincus.

4. En coulisses. Ce sont des instantanés amusants de votre vie que le public ne voit pas trop souvent. Le réaménagement de votre bureau pourrait entrer dans cette catégorie, tout comme vos tentatives de rangement si vous êtes dans le fan club de Marie Kondo. Vous êtes debout tard pour mettre la touche finale à votre dernier eBook ? Lancez une émission en direct pour saluer vos fans nocturnes.

5. Interviews. Même si vous êtes un expert à part entière, le fait d'interviewer d'autres experts propulsera votre expertise au rang de superstar aux yeux de vos téléspectateurs. Saviez-vous que vous pouvez faire une interview en écran partagé sur Facebook Live ? Voici la marche à suivre :

- Lancez votre Facebook Live sur votre téléphone. Vous pouvez toujours discuter avec les téléspectateurs et commencer à parler de votre sujet pendant que vous suivez les étapes suivantes.

- Confirmez que votre invité regarde en direct, demandez-lui de laisser un commentaire, puis cliquez sur son nom. Vous devriez voir une icône verte près de sa photo de profil, indiquant qu'il a la possibilité de passer en direct.

- Invitez votre invité à l'entretien. Après avoir cliqué sur sa photo, vous verrez apparaître l'option "Inviter à la diffusion". Il suffit de cliquer dessus et vous obtenez votre interview en écran partagé.

Remarques : votre invité doit également être sur son téléphone et il doit le tenir dans la même position que vous, paysage ou portrait. Encouragez-les également à se trouver dans une pièce bien éclairée ou près d'une fenêtre pour éviter les ombres. Enfin, assurez-vous que vous disposez tous les deux d'une connexion internet câblée plutôt que Wi-Fi ; si l'une des connexions internet est perdue, la diffusion prend fin immédiatement.

De plus, si ce processus vous semble compliqué ou si vous souhaitez intégrer des éléments de marque, une plateforme tierce comme Belive.tv est une bonne alternative. Leur programme payant permet de scinder facilement les écrans et vous pouvez ajouter votre logo et les couleurs de votre entreprise pour un impact supplémentaire.

Laissez libre cours à votre créativité en choisissant différents formats. Donnez à votre public un peu de variété et faites des expériences pour voir quel format obtient le plus de réactions et le plus d'engagement.

Exercice : Explorez les différents formats possibles.

Quels formats voulez-vous essayer ?	
Contenu pratique • Quels sont les problèmes classiques rencontrés par votre public habituel ? • Pouvez-vous montrer un moyen accessible de résoudre ces problèmes ?	**Critique de produits/services** • Quels sont les outils, matériels et/ou logiciels indispensables dans votre domaine ? • Comment pouvez-vous aider votre auditoire à choisir les meilleurs ?
Questions/réponses • Quelles sont les questions qui vous sont le plus fréquemment posées ? • Ont-elles trait au secteur en général ou à un produit spécifique ? • Avez-vous besoin de modifier un processus ou de clarifier quelque chose sur votre page de vente ?	**Coulisses** • Quelles sont les choses que les gens ne savent pas à votre sujet ? • Avez-vous un processus que vous aimeriez partager ? • Vous voulez montrer votre lieu de travail ?
Interviews • Commencez une liste d'invités ; à qui demanderez-vous ? • Avez-vous besoin d'une plate-forme logicielle spéciale ? • De quels sujets traiteriez-vous ?	**Autre :** • Faites preuve d'inventivité • Suivez la réaction du public aux différents formats que vous essayez ; il y a peut-être un favori.

Huitième étape : entraînement et évaluation

C'est la partie la plus difficile pour la plupart des gens : en effet peu de personnes apprécient de se voir à l'écran. Mais si vous voulez avoir un Facebook Live réussi cette partie est évidemment importante. N'ayez crainte... vous n'avez pas besoin d'aller en direct devant un public pour vous auto-évaluer. Voici quelques techniques d'entraînement que vous pouvez utiliser avant de faire le grand saut.

1. Diffusez en privé. Vous verrez comme c'est simple ! Lorsque vous cliquez sur le bouton "En direct" de Facebook, vous allez avoir quelques options à choisir et notamment celle de l'auditoire. Vous avez plusieurs choix classiques comme "Amis", "Public", "Page"…mais aussi "Seulement moi". Cliquez sur cette dernière option puis lancez l'enregistrement. Et voilà ! Vous enregistrez, mais vous êtes le (la) seul(e) à le voir.

2. Créez un groupe Facebook secret. Un groupe secret vous offre un espace privé dans lequel vous pouvez développer vos compétences en matière de diffusion en direct. La création d'un nouveau groupe est simple et même si le processus vous demande d'inviter un ami, il peut s'agir de votre conjoint, tante, sœur … Une fois que le groupe est créé, vous pouvez retirer l'ami et avoir l'espace pour vous tout seul. C'est une option intéressante car lorsque vous créez votre flux, il vous est demandé où vous souhaitez diffuser, soit dans un groupe, soit sur une page, soit directement sur votre profil personnel. Le fait d'avoir un groupe privé vous permet de le choisir comme lieu de diffusion, ce qui vous mène directement à l'enregistrement/diffusion de votre vidéo, que personne d'autre que vous ne verra.

3. Enregistrez sur votre téléphone ou votre appareil photo et visualisez-le sur l'appareil. Cette option est la plus simple, surtout si votre connexion internet est irrégulière ou si vous voulez simplement vous entraîner sans connexion. Si vous aimez ces vidéos d'entraînement, pensez à les charger sur YouTube ou Vimeo pour les stocker.

Sur ces deux plateformes, vous pouvez choisir de rendre les vidéos publiques ou de les garder privées. Ces paramètres peuvent toujours être modifiés si vous décidez d'utiliser ces vidéos dans le cadre d'une promotion de produit ou autre.

Maintenant que vous avez un ou deux enregistrements à regarder, mettez votre costume de juge et appuyez sur le bouton "Play".

Ce que vous devez rechercher dans votre vidéo

Commencez par évaluer la nature générale de la prise de vue ainsi que votre apparence. Pouvez-vous voir votre visage clairement ou est-il couvert d'ombres ? Y a-t-il des ombres étranges sur le mur du fond qui distrairont les spectateurs ? Y a-t-il autre chose dans l'arrière-plan que les spectateurs ne devraient pas voir ? Si vous portez des lunettes, les verres génèrent-ils un éblouissement dû à la lumière ?

Maintenant, regardez votre langage corporel. L'enregistrement montre-t-il un contact visuel avec la caméra ? Souriez-vous ? Avez-vous de l'énergie ou avez-vous l'air de lire un texte ? Entendez-vous clairement vos mots ou avez-vous besoin d'un micro supplémentaire ?

Est-ce que vous trébuchez sur les mots ? Votre offre a-t-elle un sens ou est-elle déroutante ? Êtes-vous distrait de votre scénario et partez-vous dans une direction opposée ?

Ce sont là des questions légitimes et objectives à se poser car ce sont les questions que vos spectateurs se poseront. Ils se demanderont pourquoi ils voient un panier à linge dans le coin ou pourquoi vous n'avez pas vérifié le niveau sonore avant l'enregistrement. Vous ne critiquez pas votre apparence : vous prenez des notes sur la manière d'améliorer votre présence devant la caméra, afin d'attirer et d'engager votre communauté.

Exercice : Evaluez vos pratiques et améliorez la qualité.

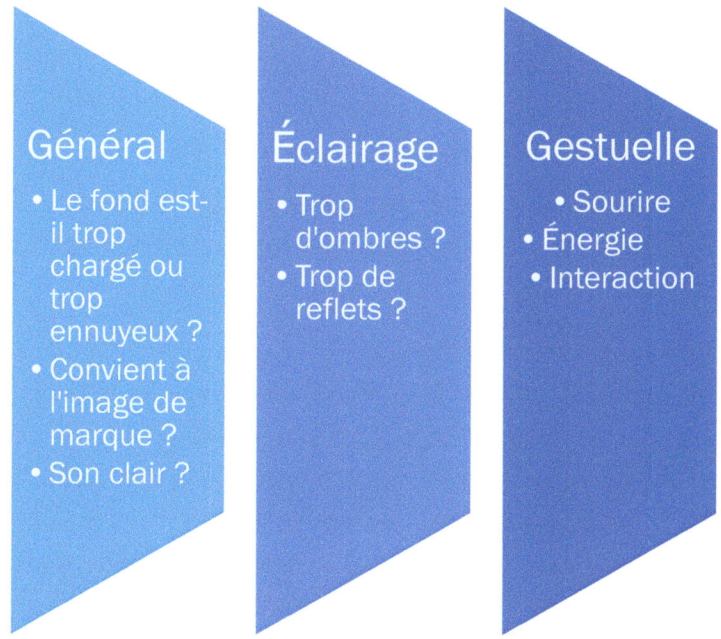

Général
- Le fond est-il trop chargé ou trop ennuyeux ?
- Convient à l'image de marque ?
- Son clair ?

Éclairage
- Trop d'ombres ?
- Trop de reflets ?

Gestuelle
- Sourire
- Énergie
- Interaction

Neuvième étape : et après ?

Félicitations ! Vous avez terminé votre première vidéo en direct ! Célébrez cet accomplissement car tout le monde n'a pas le courage de se mettre en scène devant un public.

Quelques conseils : Ne considérez pas que c'est la fin de votre carrière live. Ces vidéos deviennent vraiment plus faciles avec la pratique et le public ADORE les programmes en direct, alors donnez-lui ce qu'il veut. Songez également à la facilité avec laquelle vous pouvez diffuser vos messages à des centaines de personnes (ou plus). Les liens qui se créent avec votre auditoire sont plus solides et ils se développeront au fur et à mesure que vous gagnerez en notoriété ; utilisez le pouvoir de la vidéo live pour toucher plus de gens en même temps.

Pensez également à *convertir* vos émissions en direct car elles n'ont pas vocation à rester des processus uniques. Vous avez beaucoup réfléchi et travaillé sur votre live Facebook, alors ne le laissez pas disparaître dans l'historique de votre page. Vous pouvez en tirer un meilleur parti grâce aux quelques conseils qui suivent.

1. Intégrez-le à votre blog. Certaines personnes peuvent trouver votre blog par le biais des moteurs de recherche avant de vous trouver sur Facebook, alors n'hésitez pas à y intégrer vos nouvelles vidéos live. Créez une catégorie spécifique dans votre blog spécifiquement dédiée à vos vidéos pour que les visiteurs puissent les voir toutes au même endroit.

2. Publiez-la sur YouTube. Saviez-vous que YouTube est le deuxième moteur de recherche derrière Google ? Uploadez votre live sur YouTube, optimisez le titre et la description avec des mots clés, et n'oubliez pas d'ajouter l'URL de votre site web dans la description également.

3. Utilisez-le comme un épisode de podcast. Le podcasting n'est qu'un moyen supplémentaire d'atteindre votre public, en particulier ceux qui sont toujours en déplacement, qui voyagent ou qui ne veulent pas se limiter à regarder des vidéos en ligne. Grâce à l'utilisation d'un logiciel de montage vidéo comme Camtasia, vous pouvez transformer chaque vidéo en un fichier audio mp3. Il vous suffit de le charger sur votre plateforme de podcast (*Souncloud* etc…) et vous avez un autre épisode prêt à être diffusé.

4. Faites une transcription sous forme de texte. Les transcriptions peuvent être utilisées à plusieurs fins : article complet pour votre blog, chapitre d'un livre électronique, courriel. Si votre vidéo aborde plusieurs conseils, vous pouvez la diviser en plusieurs parties ce qui vous fera autant d'articles ou de courriels potentiels.

Lorsque vous publiez le texte sur votre blog, insérez aussi la vidéo car tous les gens n'aiment pas apprendre de la même manière ni avec le même support. Certains préféreront regarder une vidéo tandis que d'autres préféreront lire le texte. Cela ne demande pas beaucoup plus de temps à préparer et vous rendrez beaucoup de gens heureux en leur proposant plusieurs supports d'information.

Exercice : conversion et réutilisation des vidéos.

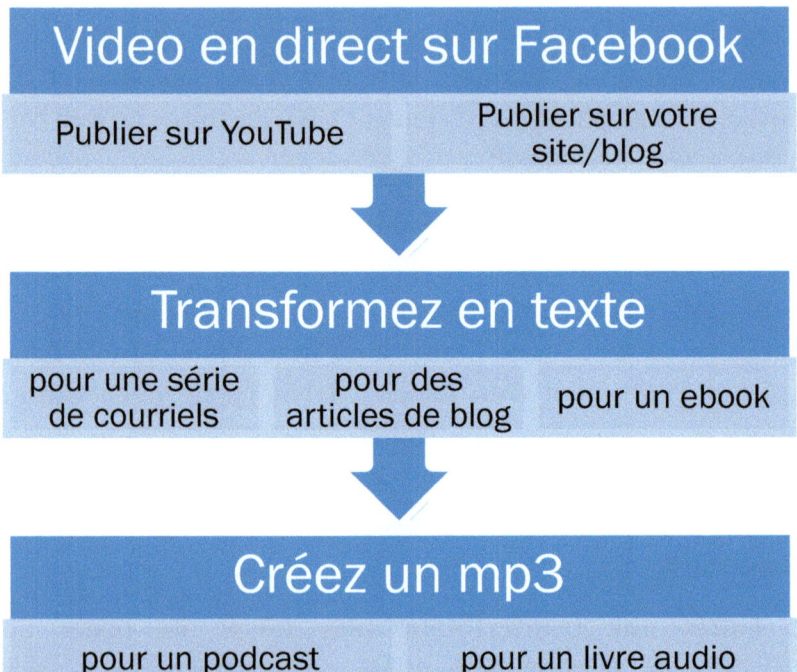

Notes et réflexions

NOTES :